心情愉悦地开始自己的旅行

旅行达人的行前准备

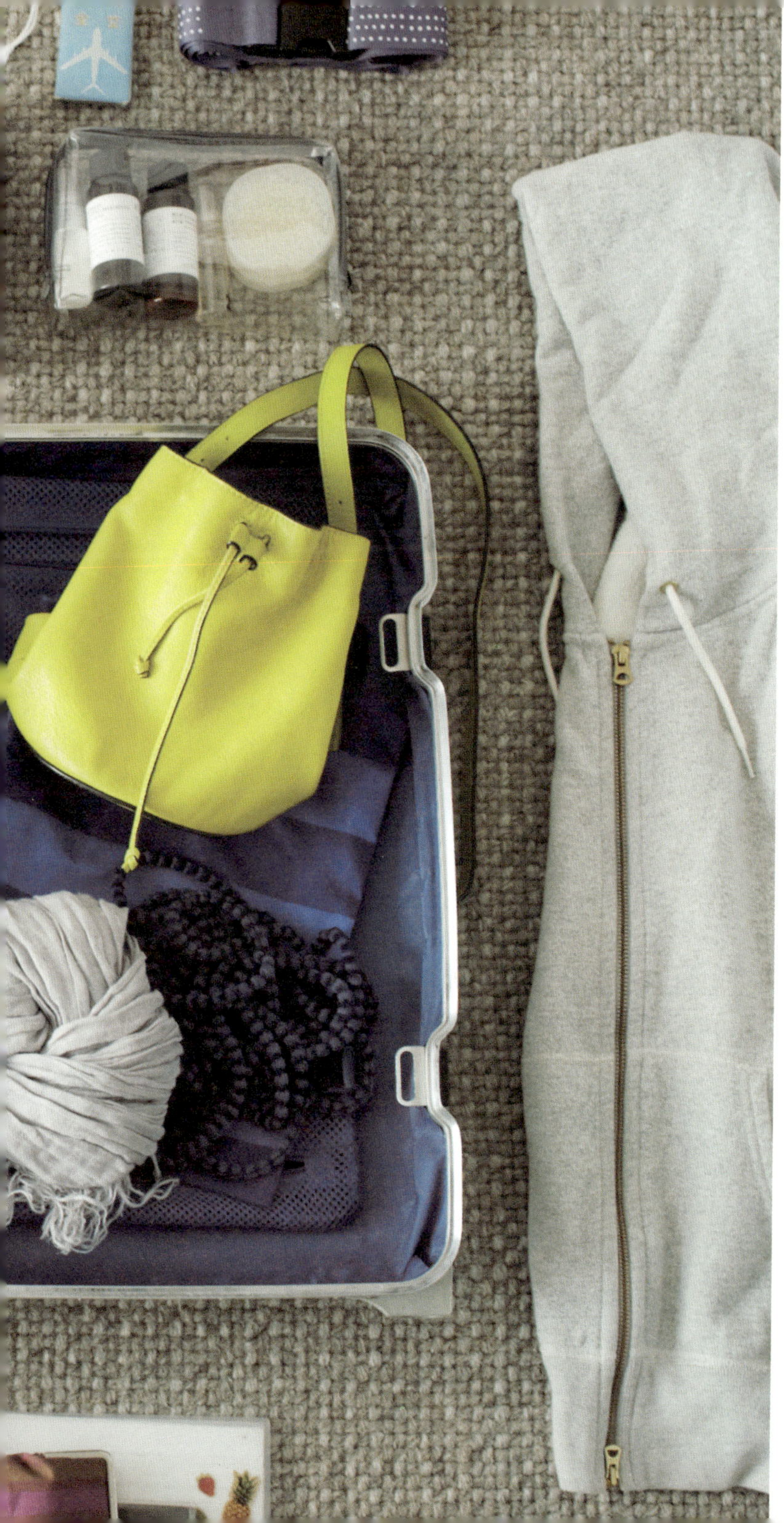

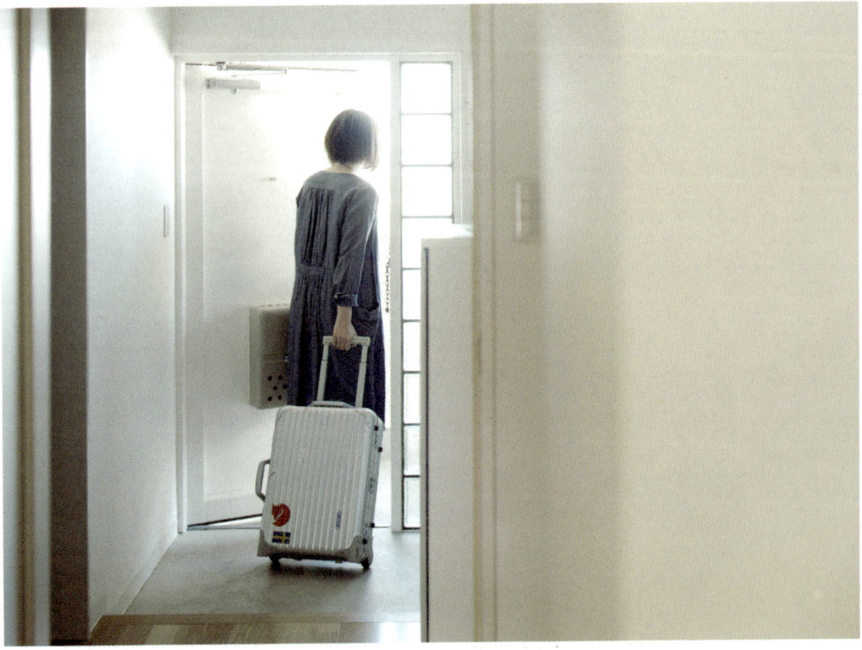

# 目 录

前言 … 1

## CHAPTER 1 制订适合自己的旅行计划

出行的时机 … 2
制订旅行计划的方法 … 4
旅行的步骤安排 … 6
自由选择目的地！ … 8
决定旅行的主题 … 10
学习，世界就会拓展 … 12
收集信息的方法 … 14
旅行笔记是原创的导览指南 … 16
通过制作地图来了解城市 … 18
旅行地必去之处 … 20
彼此之间不要勉强 … 22
一个人的旅行 … 24
个人旅行的建议 … 26

## CHAPTER 2 我的旅行准备

划算地购得机票 … 28
订酒店的万全之策 … 30
主包的选择方法 … 34
手提包的选择方法 … 38
收拾行李的方式 … 40
旅行要携带的物品 … 42
出国旅行的必需品 … 46
携带了会很方便的物品 … 48
美容用品是行李减重的关键 … 50

| | |
|---|---|
| 在酒店的房间里悠闲度过 | 53 |
| 令人开心的土特产 | 54 |
| 旅行的麻烦 | 56 |
| 护身符3万日元 | 58 |
| 旅行的衣服 | 60 |
| 去出色的餐厅 | 67 |
| 少带衣服，多带小饰品 | 69 |
| 睡衣怎么办？ | 70 |

**专栏** 那个人的旅行准备

薄衣服会带好几件　　料理家　渡边真希　73

选择看上去整洁、让人心情舒适的衣服

编辑　山村光春　75

切换成能够与孩子一起开心享受的旅行

摄影师　西希　77

## CHAPTER 3
## 多种多样的旅行方式

| | |
|---|---|
| 北欧　瑞典青年旅舍之旅 | 80 |
| 越南　悠闲逛街之旅 | 84 |
| 北海道　一个人初次参加夏日庆典！ | 90 |
| 名古屋　吃到破产的美食之旅 | 94 |
| 小田原·箱根　当天往返的温泉之旅 | 98 |
| 土特产，选什么好呢？ | 100 |
| 把要去好多次的城市放在一个文件夹里 | 102 |
| 将旅行的回忆汇集成册 | 104 |
| 在旅行地发现的可爱之物 | 106 |
| 还要再次去旅行 | 109 |

# 前　言

乘坐火车、飞机或自己驾车旅行的时候，
沉浸在令人屏住呼吸的美丽风光，
以及温暖柔和的心境中，
比往日更易与人亲近，也更加多愁善感。
在旅行当中，真的有那么一瞬间，
会把年龄、工作和日常生活统统抛在一旁，
变成最本真的那个自我。

随着旅行阅历不断增长，
慢慢也有了好好品味好东西的那份从容，
偶尔还会记得去享受一下奢侈，
我慢慢地正在转换成大人的旅行。
这本书，装满了我的旅行创想。

更加自由地，
更加温柔地，更加一心一意地，
享受大人的旅行和旅行准备吧！

# CHAPTER 1
# 制订适合自己的旅行计划

很想只考虑旅行的事情。工作的时候也是,吃饭的时候也是,在脑袋的某个角落里,总有旅行的存在。

一般会隐约想起几个城市,然后决定休假的日程,再和一起去的人商量,确定下来要去的目的地。

然后安排交通方式和酒店,考虑怎样走效率最高,一查起来就会忘掉时间。

在知识一点一滴积累起来的过程中,有时候不经意之间,点和点就会连成线。感觉到查询旅行的乐趣,有一瞬间,就觉得自己也许更喜欢做旅行准备呢。

# 出行的时机

在喜欢的时候，和喜欢的人，到喜欢的地方去。

自己能走到哪里去？能感受到多少？我有时想，可能我是想要知道这些才一直在旅行的吧！

想要出去走走的时候，肯定就是出行的时机。我有个朋友，旅行的时机不早不晚，差不多在三十五岁左右时想着"想要去国外看看"，就第一次办了护照，后来就经常一个人去国外旅行。大概就是在某一个时机，打开了旅行的开关吧。

几个月之前就事先预定好也可以，事先没有任何计划，可明天开始有连休，突然想出去去个什么地方也行。我自己的情况，就算是单程两三个小时的距离，也时常会在几天前就先决定好再外出。当天往返的小旅行很轻松就可以出门，如果在去的地方想要更加悠闲一些，还可以用手机和笔记本电脑安排住宿。

旅行本来就是一切由自己负责的事情，所以不必像工作那样麻利行动，也不必追求完美。我一直很信赖"稍微有些担心"或者"肯定会很开心！"这样的直觉。

旅行是让我对自己日常保有干劲的嘉奖。比如，如果看手帐发现接下来的日子会很忙碌，那么我就会在这之后预定旅行。这种"嘉奖旅行"的效果立竿见影，就算身体和心情略微辛苦，但只要一想到旅行就会攻克难关。

**旅行之心，沸腾中！**

根据联合国世界旅游组织统计，全世界出国旅行的人，2015年达到了迄今为止最高的11亿8000万人次。非常受欢迎的旅行地是法国，接着依次是美国、西班牙、中国等。

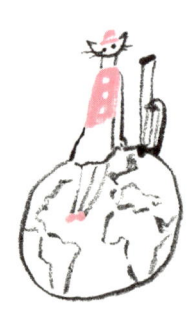

我倾向于在某个时期经常往来于同一个国家和地区，经历了法国·德国期和北欧期，现在中国台湾·亚洲期好评持续中。最新的护照上面盖的全都是亚洲各国的章。

# 制订旅行计划的方法

由于工作性质，我在某种程度上能够自由调整预定计划，所以我尽可能避开旺季旅行。城市里很空旷，时间的流逝就会变得缓慢起来，可以好好品味平时城市的风貌。

当然，也有很多只有高峰时期才能休息的人吧。黄金周、盂兰盆节、十一月第一周（文化日连休）还有年末年初等时期，机票很贵，所以我会极力避免坐飞机出行，而是坐火车或自驾车在国内旅行。火车可以提前预订指定席，即使旺季票价也不会涨价，值得庆幸。

开车的话，由于能够预测到拥挤的日子和时间段，所以不要特意赶上正堵车的时候，日程、时间以及路线稍微错开一些，就能够顺利地旅行了。早上一大早出门，或者夜间行驶等，避开大波人行动的时间，似乎就不会被卷入到严重堵车的洪流中。另外，比拥堵日提前一日出发，或者归期定在连休结束后的工作日，也很有效果。只是相差一天，价格和拥挤状况都会大幅改变。

我用存500日元硬币的方式，来筹集旅费。做法很简单，就只是把钱包里剩下的500日元硬币投进储蓄罐而已。但是就这样放进去的话有时会稍微借用一下……很难存起来，所以就每20个硬币放入一个小袋子（一袋是1万日元），这样存够十袋后，再转移到更大的袋子中。这种做法，一旦放进去之后就很难再取出来了，能够切实地存起来哦。

**里程用购物来积累**

有人经常利用换购里程的免费机票出去旅行。积累里程的诀窍在于，"购物全部用航空公司的卡来支付"。只要留心这一点，就能切实地积累起来了。

## 旅行储蓄金的小建议

旅行的资金怎么办呢？从奖金中出，或者从储蓄中出，有各种方式，但是我推荐进行旅行储蓄。还是把它提前区分出来，会比较能够切实保障预算。我来介绍一下旅行储蓄金和500日元硬币储蓄。

**如果旅行的时期和预算都决定好了**

### 旅行储蓄金

旅行储蓄金就是在旅游公司和航空公司储存旅行资金的服务。会比预存在银行利率要高些，也能切实地存起来。旅游公司包括JTB、H.I.S.、近畿日本旅行客、日本旅行等，航空公司有JAL和ANA等提供服务。由于这些公司的信用卡会员会有额外的优惠，可以利用比较网站等进行研究。

**意外能存起来**

### 500日元硬币储蓄

500日元硬币储蓄，只是将零钱存起来而已，是非常简单的方法，却能够切实储存起来。一直被周围的人说"只不过是换成零钱嘛……"但存钱的话什么方法都可以啊。半年就可以存到10万日元左右，于是我一边看着旅游书一边心中盘算着，国内还是亚洲，想去哪里呢？这尤其推荐给不善于储蓄的人。

CHAPTER 1　制订适合自己的旅行计划

国外个人旅行的
步骤安排

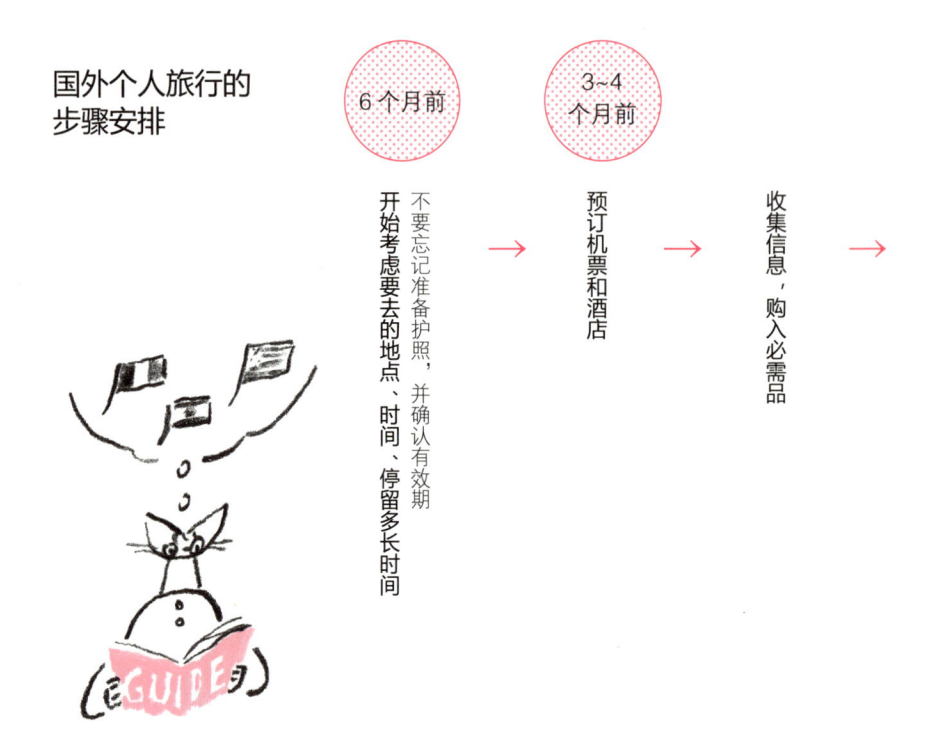

6个月前 → 开始考虑要去的地点、时间、停留多长时间　不要忘记准备护照，并确认有效期 → 3~4个月前　预订机票和酒店 → 收集信息，购入必需品 →

# 旅行的步骤安排

无论是在计划阶段还是在出行期间，旅行都很需要步骤安排的能力。不如说，这也是所有的一切。虽说我安排步骤的能力还没有到那么完美的地步，但是我非常喜欢做计划和做安排。

好不容易有出去旅行的机会，想要玩的时间更长些，次数更多些，就不能错过最便宜的时机。要搞定交通方式和住宿，需要一点点收集信息储存起来，在旅行之前将信息整理好随身携带，就是这样一个流程。

出国旅行和天数较长的旅行，从大概半年前就要开始制订计划。首先决定目的地，一边轻松地想着旅行的主题，一边查询名胜古迹和店铺等等。三四个月

| 一个星期前 | 1天前 | 当天 |
|---|---|---|
| 开始收拾行李 不要忘了查询天气情况 | 在旅行出发之前可能身体就会累垮，旅行出发前很容易忙得焦头烂额，要注意！充分休养好身体，为旅行做准备 | 出发！ 有没有带护照再确认一遍！ |

之前，就要通过旅行社和航空公司的网站及电子杂志等认真收集信息，准备等便宜的机票一出来立刻抢到它。而且，当日程确定时，要和工作相关的人事先讲明。

　　在出发之前，为了防止旅行期间变成不通音讯的状况，要把邮箱地址告知周围的人。而且一回来就去感谢周围的人，并送上土特产。虽然大家是轮流休假，但好好表达感激之情的话，我想也有助于下次的旅行。

　　关于几天的旅行，高峰时期要在两三个月之前就开始制订计划了。如果不是高峰期，那也要在出发前一个月到两周前左右进行安排。提前预订好交通工具和酒店，就可以先安心了。

# 自由选择目的地！

读村上春树的纪行随笔，从像湖面一样的白浊的蓝色水面升起氤氲热气的照片吸引住了我的眼球，是的，那是冰岛的蓝色潟湖。那么大的规模，可能会改变我的人生观。

有过就像这样，被书或杂志上的一张照片所指引，就决定自己的旅行目的地的情况。飞机的舱内杂志（特别是ANA的《翼之王国》）和新干线上的杂志还有信用卡的会员杂志等，经过精心取材提炼出来的话语及照片会在我的心中回响。而且，我有时也会对料理书、小说、朋友和认识的人的旅行故事着迷，像接龙一样与下一个城市结缘。一旦出去旅行过，就再也无法回到没有旅行的人生了。

我有一个朋友是公司职员，偶尔会在几天的休息时间中去周游国内的岛屿。她对屋久岛非常迷恋，一年间会去好几次，据说为了即使在旺季也容易买到机票，还成了JAL和ANA的股东（太厉害了！）。不停重复地去自己很了解情况的地方，也是一种好的旅行方式。

而且，我还有个朋友，以前一直很宅，但35岁左右时出去露营后突然开始对一个人旅行开窍了，每当周末或连休都到日本各地去旅行。总之就是先过去看看，然后再用SNS等去问别人或者自己查询，旅行方式很是随心所欲。这种步履轻松、讴歌人生的姿态，实际上非常生气勃勃，总是能让我受到很好的激励。

我已经拥有很多很多旅行相关的书。
实际无法到达的场所，也有书会带我到达，
这是非常奢侈的时间旅行。旅行途中读的
随笔和小说，我会选择既小又轻的文库本。

# 决定旅行的主题

　　第一次吃塔吉料理，是在法国。记得打开像烟囱一样的盖子，看到鸡肉和腌的柠檬在一起乱炖。塔吉料理是少水的马格里布地区才有的料理，在摩洛哥、阿尔及利亚和突尼斯可以吃到。这点我是在旅行出发前没多久在读的书和杂志上得来的。在法国的美食体验，成了我对新的饮食文化产生兴趣的契机。

　　每一次旅行都有主题，有时我会事先决定好"这次旅行想要以这个地方为中心去拜访"，有时我也会事后觉察到"这次是这样的旅行啊"。旅行的主题，除了早餐、咖啡和食物之外，还有艺术、手工艺、器具等身边之物。

　　说起来，着迷于世界各国刺绣的我妈妈，一个人参加了服装专业学校主办的追寻手工艺品的研修旅行，去转了巴黎的梅尔三（手工艺品店），上了刺绣课，好像还被带去了个人去不了的地方，是趣味性很高的旅行。多亏参加了这次旅行，她还结识到了拥有同样兴趣的可以一生相交的朋友，非常开心，这让她的兴致更加高涨了。更令人开心的是，同样的研修旅行，继法国之后她好像后来还去了意大利。

　　像这样学习一些东西，探求一些东西，旅行就会变得宽广起来。下次，请一定尝试一次主题旅行，怎么样？

**着迷于亚洲的美食**

　　现在我能够对亚洲的美食如数家珍，对它们也越来越有兴趣了。接下来，为了吃蛋挞和用琼脂包裹水果的九龙球等，我想要去中国香港，也很想去看看餐具。

### 巴黎·民族风味料理之旅

爱不释手地抱着仁村顺子著的《在巴黎邂逅的民族风味料理》一书和杂志的切页边走边吃，也变成了我美好的回忆。我了解到了是多样的人种支撑起了巴黎的饮食文化。另外，也是同样在巴黎，我对古斯米和香料大开眼界。

# 学习，世界就会拓展

到现在为止，有时候我在旅行出发之前把工作结束掉已经用尽了所有的精力，基本上都没法做什么准备。但是好不容易去一次，如果先调查好再踏上那片土地，感觉能够更加深入地了解呢。

这和在美术馆一边听语音导览一边观看作品大致相似，有些东西只有先掌握了相关的周边信息才能够立体地看到事物的原貌。现在调查也渐渐变成了准备的其中一项，我会事先收集书和资料随身携带，在去旅行的路上慢慢阅读。

在国外，如果能学会可以打招呼程度的对话，心的距离就会一下子拉近，所以我会在说完"你好""谢谢""好吃！"等随便怎么说都OK的话语时再加上从心底发出的笑容。

当然，关于最感兴趣的料理我也会用心调查一番。不仅把有名的店挑出来，连它的背景也想知道。从地方菜到底是怎样的，到食材和烹饪方法，兴趣渐渐扩展开来。

而且，除了风土人情和历史之外，我会事先学习关于宗教的事情。导览书上写着大致的情况，只读那些就已经足够了，如果想要更深刻地了解，《了解世界的宗教社会学入门》（桥爪大三郎著／筑摩书房刊）这本书告诉我们宗教影响着国家的成立与人们的思维方式，在拜访寺院与遗迹时也很有用处。

# Language
语言

旅游对话，如果不仅有单词和例句，还有插图，读起来就会很开心。字如果比较大，用手指指着也能够传达给对方，对于发音很难的词语特别有效。有时对方听不懂时还会说着"什么？什么？"过来看书。

# Cook
料理

关于料理的书，我读了很多本。从严密网罗了这个国家所有料理和饮食历史的书，到记载美味的店的介绍和解说的书，我会选择切入点不一样的书。

# Culture
文化

文化的背景中交织着历史和宗教。如果知道了这个国家的成立与发展情形，心里就会大致清楚人们的言行以及为什么会有那样的国民性。了解得越多，就越能感觉到亲切，心会靠得很近。

# 收集信息的方法

　　旅行的日程很短，时间也很有限，因此一定要好好决定要去的地方。虽这样说，也曾有过虽然到了很远的地方，却留下遗憾的经验教训。比如并没有查店的休息日就过去了，结果到那里时店是关着的，或者因为并没有提前预约而进不了餐厅（之后，寻找附近的店也费了一番功夫）。就算不把所有的一切都制订出缜密的计划，也无论如何都要把想去的场所的休息日和营业时间，事先查好记在本子上。有时我会直接打电话过去确认，人气很高的店会提前预约。

　　旅游信息的收集方式：①天气和气温，大致确认情况；②浏览导览指南和书、杂志的报道；在那之后，③在网络、博客、Instagram 等收集更细的信息。

　　寻找详细的信息，推荐输入关键词进行图片检索。因为一旦检索到视觉上很合乎感觉的信息，它的周围也会有好的信息。如果只追寻文字的话，在搜索到想要的信息之前，会这里看点儿，那里看点儿，很花费时间，但用图片搜索就非常快。这也是向没有时间的人推荐的方法。

　　另外，去国外旅行时，我还会事先调查当地便利店的情况、节日、厕所等。特别是关于厕所，像日本这样设施完善的国家不多，国家不同，设施和规则也大大的不同，所以了解一下不会吃亏。

**用邮件预约**

　　国外的店，在出发前，我会发邮件进行预约。利用邮件的互动，可以清楚地好好确认内容，记录也会保留下来，会比打电话要安心。慎重起见，我会打印出来携带出行。

## 纸质信息的整理方法

**按城市分类分装文件夹**

纸质信息的整理，我是每个城市都准备一个文件袋，然后把它们统统装进去。这个方法取放都很简单，而且想把杂志的好几页剪下来一起放进去的时候，不会很麻烦，因此也不会发生忘记放进去这种事情了。等信息增加到某种程度，就要做出取舍。

特别厚的是京都文件夹。近 20 年前的杂志切页我也会非常珍惜地取出来。这种不断会去的城市，文件量已经多到文件袋放不下的程度，我就会转移到透明文件夹中进行整理。

立在盒子里进行收纳！

以城市而分的文件夹，立在文件盒里来进行管理。这样随意的方式，让人不会感觉到勉强，所以能一直持续下去。

CHAPTER 1 制订适合自己的旅行计划

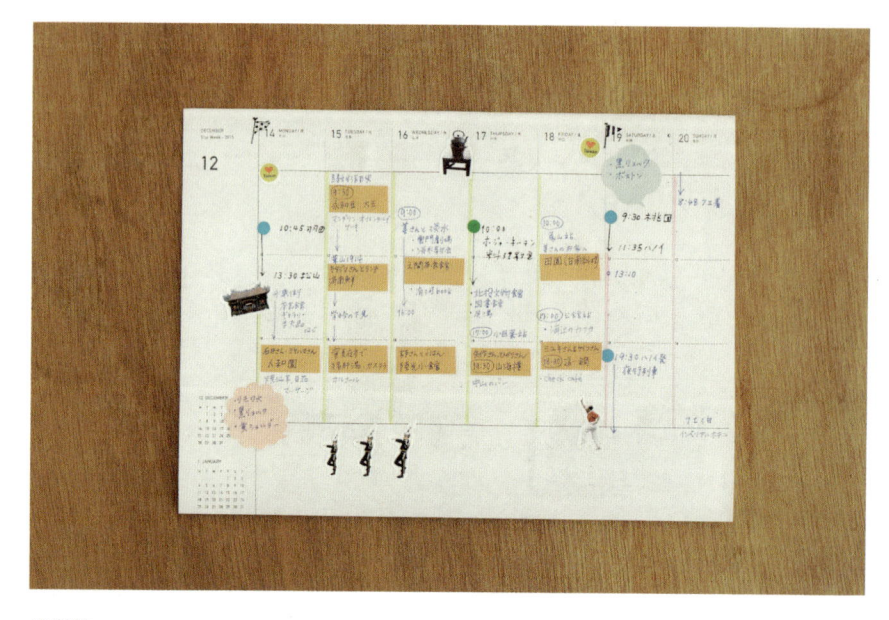

**出发前**

复印手帐,先把交通的大致情况写进去。然后在早午晚餐的时间贴上便笺纸。如果有餐厅的预约或者约好的人,也一起记上。之后,要去什么地方,要做什么事情也写进去。不过,不按照这个行动也可以。

# 旅行笔记是原创的导览指南

怎样进行旅行信息整理呢?

我每次都会制作旅行笔记。事先把查好的东西和日程安排写上去,在旅行途中,在上面盖章,写上当天发生的事情,这已经变成旅行不可或缺的存在了。

旅行笔记,我用的是 B6 尺寸的无印良品笔记本,外面套上带口袋的塑料封面。从大号的笔记本到小型便携笔记本我使用过各种各样的,对我来说,B6 尺寸宽度并不太宽,记录一天的行动刚好合适。我也会带纸胶带,可以把车票、商店卡等统统贴上去。

旅行笔记能够将信息集中在一个本子里,想起来的时候就能做笔记,这是

**旅行中**

　　一天横跨两页，预先把日期写好。当天可以再补充写上天气和气温。一天的日程写在便签纸上贴上去，之后会在笔记上描述当天进行了怎样的行动。还会盖很多印章。

它的优点。而且，之后再读起来，还能享受旅行的余韵，记录也能原原本本地成为下次旅行的参考资料。所以，我会把气温、天气、衣服的搭配、携带了会很方便的东西和带来了却没有用到的东西，都记在笔记上。

　　旅行会不断尝试、出错、尝试、再出错，经验就是这样不断积累的。随着旅行体验的增加，逐渐发现自己的舒适惬意之处，下一次再激发它……因此，旅行笔记是个非常重要的旅行伙伴。

**旅行笔记本的挑选方法**

　　旅行笔记本，我以前用的是手头有的笔记本，但是我想今后也可以统一使用很容易入手的无印良品的本子。

CHAPTER 1　制订适合自己的旅行计划

17

# 通过制作地图来了解城市

与导览指南和旅行笔记同样重要的是，地图。到目前为止，我一直很喜欢使用纸质地图，但是现在还很依赖可以为我导航的地图 APP。在没有方向感的城市，不使用的话，根本无计可施。

我在旅行之前，会事先用 google 的"我的地图"制作旅行地图。制作好地图，就能够大致把握东南西北和城的大小了，也能了解店的相关位置，就能够更加顺利地四处转了。

手机，已经是旅行的必需品了，与护照和钱包同等重要，我把充电器、电池和 WIFI 也新加入携带物品的清单中。但是，我也经常听说这种事情，因为手机拿在手里的时候很多，反而会因慌慌张张想放入包中时却没放进去而掉出去了……所以为了防止遗失，我在旅行期间会为手机加上吊绳，连在包上。

而且，有时也会不知什么原因看不了手机中的地图（真的有！如果过于相信手机很危险！），所以我也会好好准备纸质地图。我会把导览指南和杂志上登载的城市整体图复印，标注出想要去的地方。还有，我会把绝对想要去的店等，用 google 地图查好从车站怎么过去，然后打印出来。在这张地图上我还会补写上店铺的休息日、营业时间和电话号码。

另外，如果拿着导览指南，在国内旅行没有关系，但是在国外有时会成为被盯上的目标，所以我会在导览指南的外面套上书皮。

**在"我的地图"上将信息集中**

我会会查询住所并做好标注，在备注栏里写上网站的网址、休息日和营业时间。APP 虽然很便利，但是为了保险起见，电子版和纸版宣传册我经常会两者并用。

贴上便笺纸，写上店名和详细信息（贴上透明的签条）

美食、购物、美容等，分类别变换使用标注的颜色

地图复印成黑白的，用彩色笔写字会一目了然

## POST OFFICE
邮局

我会在旅行地买邮票寄信，有时也会把邮票贴在旅行笔记中。还有好多设计优秀的周边商品，所以我不会错过邮局（去尽可能大一些的！）和邮局博物馆。外国的邮箱也很可爱。

# 旅行地必去之处

　　我有个朋友在巡游全日本的塔。她从单身时代就一直追着各个塔跑，结婚生了小孩，变成全家一起旅行之后她继续这么做。"我要登上那个城市最高的地方"这种自创的目的非常有趣。我受到了她的影响，在旅行地如果有塔和高层建筑物，也变得想要上去看看。

　　我很想了解生活在那个城市的人们的生活，所以就算在旅行中也不会做特别的事情，而会经常去日常会密切接触的地方。我会像平时一样溜溜达达在城市里闲逛，因为我想这应该是了解那个城市最好的方式了。

## BOOKSTORE
书店

　　说起为什么我在做现在这个工作,是因为我太喜欢书了。当然,摆满了书的书店也是心爱的场所。想象着要是能住在这里多好呀……会待在店里面很长时间。

　　书店和美术馆(博物馆商店会有很多可爱的东西!)绝对会去,在中间休息的时候我会去感觉不错的店里喝茶,如果有时间还会去动物园、植物园、邮局、图书馆、跳蚤市场等。还有,还会去早市、车站、菜市场、不可宿温泉等,和平常几乎没什么不同。也许在非日常的场所,能体会到日常延长出去的乐趣。

　　旅行中,我会在日常和非日常的交点上产生新的发现和感动。所以,从这些平常的生活场所和有名的世界遗产、寺院、风景名胜中,我能深深地感受到相同的乐趣。

# 彼此之间不要勉强

　　与某个人一起旅行的时候，由于各自都要付出宝贵的时间和预算，所以可能的话既不想勉强也不想忍耐。尊重对方的同时，也想要珍重自己。因此，我会和对方说好，要从"因为是一起旅行，所以理所应当一切都要共享、要一直一起行动"这种默认的规则中解放出来，大家都自由一些。

　　很习惯旅行的美食研究家和编辑朋友说："就算与很亲密的朋友一起旅行，也会住单间。"确实，一想到要互让洗脸池和浴室，刚起床时那种蓬头垢面的样子被看到的话太难为情了，就觉得各自分开住在不同的房间悠闲地休息也是个好主意。情绪上出现冲突大多都是因为精神疲劳所致，如果早上和晚上能拥有一个人的时间，肯定能很圆满地度过吧。她们如果白天想去的地方不一样，也会说："晚饭时再见吧！"然后积极地各自行动。

　　另外，我经常会在旅行地，与正在分头旅行的朋友和认识的人会合。特别是在台湾和京都，如果同时刚好有正在那里旅行的朋友，我会非常珍爱在旅行地仅有的那一点儿重叠的时间。就算只有几个小时，共享旅行的那种连带感，也会加深我们的友情。

　　大人的旅行，关键点就是，"一起"与"自由"的自如切换。拘谨的那种感觉消失了，会更加放松自在。

**让人放松的甜食**

　　有人告诉我，和人一起的时候，最好带一些凉拌海带、梅干等让人放松的小零食。确实是，一放进嘴里就会平和下来，会让我的心情放松。

与他人一起旅行的时候，最好设立共同的旅行钱包。各自将同样金额放入口很宽大（容易取出）的小包里，出租车的交通费和餐费等需要AA制的都从这里面支付。不用计算也行，非常机智。

# 一个人的旅行

　　一个人旅行，一切都由自己做主。比如，前一天晚上喝多了导致第二天早上起晚了，那就从早午餐开始。如果天气好，就一整天在公园里慢悠悠散步。也可以吃点儿点心喝点儿小酒来代替晚餐。如果从一幅画难以移开视线，那就伫立在那里观看几个小时……如果那一刻的心情可以决定接下来的事，我的心情就非常舒畅。

　　我一个人旅行大约有15年左右的时间了，但是为了自己和送自己出门的人着想，安全、健康地归来是最优先的事情。所以一个人旅行，我会选择"通日语或英语的地方""治安好的国家的大城市""交通发达""稍微干净一些"的去处，其中欧洲和中国台湾很便于旅行。

　　对出国旅行感到不安的人，先从国内旅行开始挑战如何呢？一个人觉得寂寞的话，可以住在冲绳和屋久岛等岛上的民宿，和一起居住在那里的人成为朋友也是个办法。如果想要在岛上住宿，可以瞅准黄金周和暑假等人比较多的时候。在人多的时期出去旅行的大多是社会人士，能够遇到年龄相近且日后也能长期交往的人（也经常听说以岛上的住宿为契机而结婚的故事）。慢慢习惯旅行之后，在某个时间也就可以一个人出国旅行了。

**在旅行地见吧**

　　以前由于是一个人旅行，也在旅行途中邂逅了一些人。虽然有书信往来，但是不知什么时候联系就容易中断了，SNS最适合与偶尔才会见到的人保持联系。

## 如果一个人旅行，要去这样的城市

### ① 语言容易沟通

语言完全不通的国家也有它的有趣之处，但如果是一个人旅行，以防万一，还是选择语言能够沟通的地方比较好。我会把一些通英语的国家定为旅行目的地。

### ② 治安很好的大城市

犯罪率太高、小偷和盗贼很多的国家，为了保护自身安全都筋疲力尽了，更不要说旅行了，所以我会尽量避开。女性一个人旅行，安全是第一位的。我也不会去危险的地区。

### ③ 交通发达

在国内也是如此，如果交通状况太恶劣，时间损耗就会大大增加。不用移动，在疗养地悠闲度假也可以，但也会事先查一下相关交通。

### ④ 干净

日本的清洁度在全世界来说也是相当高的。以这种感觉出行的话，个别国家会让我受到文化冲击。水周围和食物周围的卫生必须要检查。

CHAPTER 1 制订适合自己的旅行计划

# 个人旅行的建议

个人旅行，是自己安排、自己动手打造的旅行。交通方式和住宿能够按照自己的喜好来组合。这里，关于个人旅行的安排，我问了自己也经常使用的旅行社的人。

"便宜的 LCC（Low Cost Career 低成本旅程＝廉价航空公司）通航以来，国内和国外一个人旅行的人不分年龄大幅增长。"

安排旅行的方法，有直接去旅行社的店里、打电话问、上网查等。去店里和打电话，能够一边和知识丰富的工作人员商谈一边安排，就算是不习惯一个人旅行的人也可以很安心。无论采用哪种方法，安排的时候，首先要决定日程、旅行地和预算。

"用网络来进行安排，无论何时都能进行而且价格也很便宜，有诸多好处，但是相应的一切就都要由自己承担责任。比如，机票和护照的名字就算错了一个字，也没办法乘坐飞机。还有与火车不同，夜里 12 点以后出发的就变成了第二天的日期等等（弄错的人真的很多！），有不少需要注意的点。用网络来安排的情况，如果有疑问，在付款之前先确认一下比较好。"

个人旅行的好处是，能够认真选择想要做的事情，时间也能有效利用，还能寻找更加便宜的路线等等。能够定制符合自己需求的旅行，安排起来也简单。

**咨询的地方**

## DENA TRAVEL

安排廉价机票、酒店和短途旅行的旅行代理店。开设从预约到完成 24 小时搞定的线上商店。还举办各种各样的促销活动。

http://www.skygate.co.jp/

相反，如果追求自由度但是对个人旅行又很不安的人，还有一种选择就是进行简单的短途旅行。

"短途旅行，在交通和酒店问题发生纠纷的时候，能够到旅行代理店的窗口去商谈，令人比较安心。现在陪同人员不一起随行、只配套安排交通和住宿的简单的短途旅行很受欢迎，比如中国台湾就只负责机场的接送。韩国由于反复去的人比较多，也有连接送都没有的短途旅行。短途旅行，两个人以上参加比较划算，一个人参加的话比较贵，所以如果是一个人，还是推荐一个人的旅行。"

### 想要怎样的旅行呢？

是"从早到晚都在外面吃喝，所以不太拘泥于住的酒店"呢？还是"想要住在高级的酒店"呢？安排的时候，首先要考虑想将预算的比重放在哪个方面，包括航空公司与宾馆的级别、有无早餐、当地开展的活动等。

### 安排机票时的确认事项

☐ 直飞还是需要转机
☐ 出发机场与到达机场
☐ 名字是否和护照一致
☐ 有没有搞错日期
☐ 是否能够变更或取消，以及所需金额
☐ 行李的大小和重量限制
☐ 怎样到达机场

# 划算地购得机票

如果可能的话,要尽可能划算地安排机票,能省一元是一元。到现在为止,我都是以我大致了解便宜机票出现的时机来安排机票的,但是问了一下才知道,原来机票的安排似乎也是有诀窍的。

"机票的价格会根据空位的情况来回变动。一般在三四个月前,旺季要在五个月前,或者是出发前的三周左右出现便宜机票的机会比较多。还有,也要瞄准新年的促销。如果认为价格能接受,就把机票拿下,之后就不要再看机票信息了。"

"LCC的好处就是总之很便宜,也频繁地在做促销。早上和深夜出发到达的航班也很多,在当地能够有效地利用时间。但是,最好连'如果发生延误,飞机到港后是否还能回得去家'包含在一起考虑。"确实是这样的,我听认识的人说起过,他出国的时候,回国的飞机延误了一个小时以上,没有赶上末班车,没有办法他只好搭乘末班的巴士回去,到家已经是深夜的两三点了。

还有,LCC的座位很窄,服务也很简单。而且有的航空公司和旅行方案还无法变更和取消,根据行李的大小和重量还要追加付费等,限制很多,有必要进行确认。但是,如果符合需求,就能够以非常便宜的价格去旅行了。

"应该注意的是,如果从地方机场到东京利用的是LCC,然后再转机去往国外时,就算因为LCC的延误导致国际线也延误登机,也是无法得到补偿的。

**新干线旅行利用出差来计划**

国内的新干线旅行,利用出差来计划,酒店的钱就能够节省下来了。如果是两天一晚的旅行,可以只花交通费就能旅行。和朋友一起旅行时,就算房间分开也很便宜。

由于 LCC 延误的时候比较多，所以请选择提前三个小时到达转机机场的航班，请一定要综合考虑来安排机票。比如，就算是同一家航空公司，也不要国内线和国际线分开各自安排。合在一起安排的话，行李也可以在最终到达地点领取，这是铁定规则。"

"比较好用的 LCC，有 ANA 系列的香草航空（Vanilla Air）、澳航·JAL 系的捷星航空（Jetstar Airways）、ANA 系列在关西的据点乐桃航空（Peach Aviation）等。其他，新加坡航空系列的酷航（Scoot Airways），作为 LCC 来说，座位宽敞又舒适。"

### 安排机票的总结

安排的时机，在出行的三四个月之前。旺季的机票，推荐在五个月前左右或者出发前的三周左右购买。

LCC 在安排之前，要包括航班延误和取消的对策在内，确认详细的情况。转机航班要预估航班延误的情况来调整时间，要点是要综合考虑、一同安排。

日程无法估算或容易变更的人，最好把是否可以取消、变更，以及所需要花费的手续费金额当成权衡的关键性因素来进行选择。

# 订酒店的万全之策

"女士的旅行,重视酒店的人很多。酒店的选择,最好从床型是双人床还是两个单人床,还有所在区域以及距离车站的距离等地区条件来找吧。"

一般来说,酒店都是和价格相对应的。"选择可以心情愉快入住的酒店,口碑评价如果 10 分是满分,那么目标是达到 8 分。考虑到一天要来回走很疲惫,又要搬运行李什么的,从车站步行 5 分钟以内可到达的酒店,交通很方便,强力推荐。"

休养胜地的宾馆和高级酒店,早餐也是期待之一。反之,在中国台湾、韩国、中国香港等地,在外面可以吃到美味的早餐,就不会特别重视酒店是否有早餐以及早餐的内容如何。关于我很在意的是否有浴缸、是否有窗,"因为参差不齐,不能一概而论,但是三星以上的酒店大多都带浴缸"。

能够比较划算地预订到酒店要提前大约三个月。"如果在三个月之前进行预订,会出现比较便宜的房间。酒店一直到临近入住之前取消大多都是不用花钱的,先把比较好的地方订下来,如果有更好和更便宜的房间,也能够更换。"

有时候如果酒店和机票一起安排,还会有折扣。所以,我会先把机票安排好,再在同一个网站上订酒店。在旅行中,我想把预算用在三餐和增长经验上面,所以,如果两个人以上一起旅行,我会订三星以上的酒店,但一个人的时

**将信息汇总在 Gmail 上**

在网上安排预订的时候用 Gmail 的地址来操作,或者最好预先把信息转发到 Gmail 上。我会注意避免"在旅行地想要确认信息,但一切都在电脑之中……"这种情况发生。

候我会住便宜的酒店（房间很干净但只有淋浴、从车站步行要花5分钟以上等。但我不会选择没有窗户的房间）。但是，在酒店住宿费用非常便宜的亚洲国家，偶尔我也会奢侈一把，住在最好的酒店里。

　　国内旅行，如果是去泡温泉，就会在住宿的地方待很长时间，也会在那里吃晚餐，所以我会特别重视口碑。如果在城市里，大多都会在外面吃饭，只是在住宿的地方睡觉，我经常会选干净且没有什么特别不足之处的商业宾馆。

### 酒店安排的总结

　　口碑和评价是其中一个标准，某种程度上会成为可以信任的判断依据。我也会在预算的范围内，按照评价高低的顺序来看信息。

　　从交通、房间的设施、早餐等，来决定绝对不能妥协的项目吧。我总之是很重视场所的便利性和清洁度。

CHAPTER 1　制订适合自己的旅行计划

31

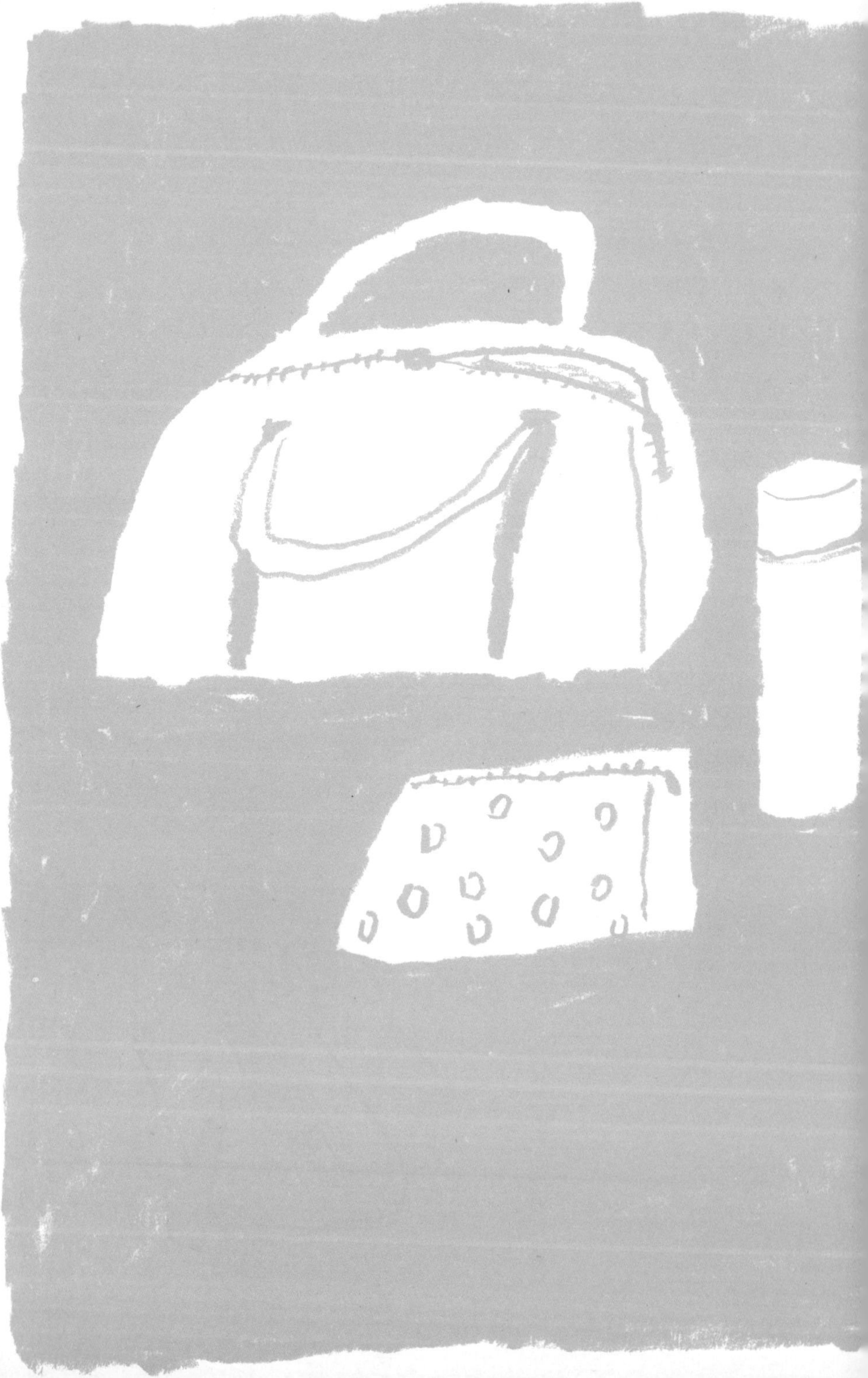

# CHAPTER 2
## 我的旅行准备

"这边已经超过 20 度了,每天都穿短袖。"

这是旅行出发的三周前。马上就要春天了,却称不上顺利,仍在原地踏步,这个时候,住在我接下来要去的城市的人发来了这样的消息。

想着湿度很高、几乎要紧紧缠裹住自己的炎热,"要带什么衣服去呢"?我开始考虑要带的东西。

配合旅行的目的和季节,把必要的东西一点一点都写在纸上,在大约出发前的一周左右,决定好主要要带的包。有了这份清单,就算在出发前夜慌慌张张地收拾行李也无所谓。即便如此,不安的时候我就对自己说:"只要有钱包和手机,总会有办法的。"

# 主包的选择方法

主包,要以交通方式和移动次数的多少来选择。比如,如果坐飞机和新干线,在一两个城市停留,我大多都会带行李箱。行李箱无论行李变得多重,拉起来就能走,很适合总是在返程时重量马上就要超限的我。短途旅行也是,大家都带行李箱和手提箱出行。

反之,如果想要顺利地换乘电车,还有中途移动很多的旅行、深入大自然的旅行、去道路状况不太好的国家、治安很差的国家等,背包转身很方便,又与身体密切接触,在安全防范上让人安心。而且,移动时自己背着,在电车内还能放到网架上面。当然,具体问题具体分析,可以考虑好谁要搬多少行李再决定主包。

小旅行和出差等行李比较少的时候,我有时也会带大手提包或旅行包。另外,开车旅行,带什么包都无所谓,不过除了主包之外,我一定会把什么都能往里面装的非常方便的可以单独使用的大手提包放在后座上。

选择主包还有一点,要考虑住宿的宾馆级别。如果是住在豪华酒店,我会带行李箱和高级的手提旅行包,如果是住帐篷的那种户外旅行,我就会带背包。我会配合时间、地点、目的(TPO)来选择主包。

**有时也会寄送行李**

我有个朋友,在国内旅行回去时都会送别人衣服和土特产。她不会勉强自己带回去而是叫宅急便来送,这真是很明智。

### 行李箱 ( 大 )

→ 长期旅行、行李比较多的家庭旅行等

我的旅行大多都是一周到一个月左右的长时间旅行，所以使用大行李箱的次数比较多。在飞机的托运行李限制（三边共计 158cm）之内的日默瓦（RIMOWA）86L（黑色，四轮），如果将行李放进去，重量大约在 22 公斤左右。外侧是很坚硬的硬壳，就算放入容易破碎的东西也比较放心。也有两轮的，但感觉相当的重，个人觉得大尺寸的最好还是选择四轮的。

### 行李箱 ( 小 )

→ 乘电车和飞机的小旅行、开车兜风的旅行等

其次经常使用的是小行李箱。我使用的是尺寸在限制之内（三边共计 115cm），可以当作随身行李带进飞机的。这个大小在新干线车内走过通道时也很顺利，还能放在脚边，所以坐电车出差、回老家、小旅行等尤其方便。四轮的在电车内会滑动，所以带制动器的比较理想。

HaNT mine 行李箱  25000 日元（税后）
33L 2.7kg ACE 株式会社
H54×W36×D22

## 软面料便携行李箱

→ 和行李箱一样。但是，不适合放入易损坏的物品。

软面料便携行李箱的优点是，与硬型行李箱比起来本身比较轻。我也一直在长期使用。在欧美，经常会看到这种软面料行李箱。外侧有口袋，方便放入杂志和书等，这一点非常不错。但是，因为没有强度，如果放入易坏的东西就会有些担心。这是将近十年前在无印良品买的。手拉杆的部分卸下来以后也能肩背。

## 背包

→ 移动比较多、长距离电车、户外旅行等

屋久岛纵行、北欧极光之旅、背包客之旅、节日庆典等积极活跃的旅行，全部都用这个。由于背包会把行李的重量分散到肩部和腰部，所以选择做工很好的户外运动品牌的产品吧。用肩背两手可以空出来，但是由于一直要承重，所以行李的重量目标是 10-15 公斤左右。优点是本身很轻转身比较灵活，也能够放在网架上。

**旅行用手提袋**

→ 国内电车、国内飞机、开车兜风等短期小旅行

　　旅行用手提袋由于是用手来提，所以在电车之旅行李不太重时使用。本身很轻，开口处也能完全拉上，行李不会掉出来，比较放心。容易放进一般大小的保管箱里，这也帮了大忙了。在开车兜风时我有时会把手提袋当作主包来用，带着行李箱旅行时它也会作为辅助的包使用（回来时装土特产）。

**手提包、篮子**

→ 开车兜风、如果行李很少有时也会在电车之旅时使用

　　手提包和篮子开口比较大，东西取出放入很方便，但是某些场合也容易丢东西。而且，根据包的材质不同，长时间拿着负担比较重。因此，我一般在开车兜风时把手提包和篮子当作辅助的包使用。习惯旅行的人有时候在出国旅行和出差时也会带手提包一起去，远处望着觉得好帅啊。

# 手提包的选择方法

在国外，日本人总是容易看起来孩子气，所以我会比较留意简单、成熟的风格，经常带着革制的包外出。话虽如此，带什么样的包，也取决于旅行目的、风格和城市的氛围，即使在国外，亚洲和度假胜地也并不限于此。我一直在寻找可以随意使用的最棒的手提包。

选择手提包有几个条件。为了使双手能够空闲，要能够肩背或斜挎。大小要选择能够放入 A4 尺寸的文件、书和披肩等，并且材质较轻。在旅行地不想丢失东西，所以希望包的开口处可以严密闭合。HERVE CHAPELIER 的尼龙包（在小旅行和出差时使用的人也很多！）和也可以斜挎的 BAGGU 的带挂肩的手提包（shoulderbag），非常方便，我常年都在使用。手提包要装很多东西，包里面很容易变得乱七八糟，所以也可以与放贵重物品的小挎包一同使用。

现在，一直在频繁使用的手提包，是在私人旅行或出差时都能用的黑色皮革包。手提、肩背、斜挎三种形式都可以使用（非常推荐这种形式！）。很轻，开口处也能用拉锁合上。坐飞机旅行时，为以防万一，我会在这个手提包里装入牙刷、护肤套装、眼镜、充电器等。

**要注意锂电池！**

从 2016 年 4 月 1 日起，飞机的托运行李中全面禁止放入锂电池。关于移动电源，建议也向各个航空公司确认一下。

**选择手提包的条件**

◎可以肩背或斜挎
◎本身很轻
◎开口处可以闭合
◎大小可以放入 A4 尺寸的书和披肩等

手提包里一定会装入的物品

眼镜

口罩

牙刷和护肤套装

想要好好规划的旅行和比较休闲的旅行，我会根据包的材质区分使用。都是可以手提、肩背、斜挎三种形式兼有的优秀的包。走一整天很累，或者行李增加了的时候，就深刻体会到手提包可以肩背的好处。下面的包是加利福尼亚的"BAGGU"。

# 收拾行李的方式

收拾行李首先从把要带的东西大致分类开始吧。把要带的物品分成衣服、内衣、美容用品、电子产品等，将这些装进很轻又体积不大的袋子里，像拼图一样装进行李箱。实际上就只是这样而已。

收拾行李的关键是，使用轻质材料的收纳袋。收纳袋的选择非常影响重量，所以推荐户外品牌和无印良品。无印良品的旅行用分装袋，是可以很容易看到里面物品的网眼材质，是四方形的而且大小都有规则，也很容易组合。两个 M 号的可以分别装入衣服和内衣，S 号的可以装入小物品。

去时的行李大约会装满行李箱的三分之一到一半左右。如果回来时行李不会增加的话，装入八成左右也可以。但是，旅行一般行李只会增加基本上不会减少，所以如果出发时行李已经装得很满，那么之后就很令人担忧了。

不太习惯收拾行李的人，总是会在装行李之前，为了防止忘记，把要带的东西写在一个单子上。如果不列这个清单，就会对空着的空间感到不安，最后放入不必要的东西，行李就很容易变重。轻装旅行最重要的是，不要害怕行李箱里有空着的空间。还有，要尽可能把行李放入主包中，减轻手提包的重量，这样拎着移动会比较轻松。

**衣服的折叠方式**

叠成四方形　　卷成卷儿

① 把重物放在下面

　　行李箱立起来时下面重的话会很稳。背包之类的也如此。把护肤产品、美容用品、衣服等放在下面吧。

③ 衣服叠成四角形

　　由于收纳袋是四角形的，我会把衣服配合着它叠好放进去。很怕起皱的衣服，不叠卷成卷儿也可以。

② 使用可以看到内部的轻型收纳袋

　　里面装了什么一目了然，找起来也不费事。我会使用几个相似的装行李用的收纳袋，推荐可以看到内部的轻型收纳袋。

④ 一半空荡荡

　　除去给朋友带的土特产和拜托代买的东西等，我的行李箱很多时候一半都是空的。要去的地方和旅行计划不同，空着的情况也各不相同。

## 旅行要携带的物品

光拿着行李到处走就筋疲力尽了……为了不那么疲惫，不论国内旅行还是出国旅行，我的原则是"旅行携带的物品要既少又轻"。反过来，为了舒适旅行，就算让身体劳顿，但有些东西即使成为行李也是不可省的。

要带的东西稍微有些不够是刚刚好的。如果实在不够就在旅行地买，这样就轻松了。我会分辨清楚是真的很需要还是不带也没关系，不知不觉就不带了，我养成了这样做取舍的习惯。但是，不是不管怎样减掉就行了，在旅行地比较难买到的东西还是要带着。

该减掉的东西要减掉，方便的东西就带着。这里要介绍的旅行的携带物品，是我无论国内旅行还是出国旅行都一定会携带的基本装备。手表、伞、购物袋、手绢、纸巾，与其说是旅行中携带，不如说是平常就会随身携带的物品。文库书和短袜，移动中携带的话会很开心。旅行用精油会缓解我的紧张和疲劳，是我非常重要的旅行之友。眼镜、消毒纸巾、药、口罩、创可贴，为了健康着想，这些也不能丢在一边。

另外，为了买土特产，要带的东西也要好好准备，带几个保鲜袋就很方便

**国外的 WIFI 也请检查**

在国外的时候，我也有需要查询的事情，而且工作上也需要联络，所以我会在日本机场租借 WIFI。去配备免费 WIFI 的城市时，有时也不带。

了。可以放进味道很重的食材，或是装细碎的东西，还能放入湿的东西。果酱那种在袋子里碎掉会很麻烦的东西也可以结实地捆包好之后放入保鲜袋里。而且，在买食材回来的旅行中，我有时也会带个冷藏包（开车的时候带个大的，火车或飞机旅行就带个小的）。

很多时候我也会拎着一些容器回来，所以会自备气泡纸、防护胶带和剪刀。放入包里的时候，就算认真捆包，有时放在下面的受到撞击也会碎掉，所以为了缓和撞击，我会用报纸、捆包材料、衣服等代替垫子垫在下面。

check!
**为了带土特产要带的东西**

☐ 轻质手提旅行袋
☐ 气泡纸、防护胶带
☐ 剪子
☐ 保鲜袋
☐ 瓶用减震材料

我会把回来时增加的行李一起放在 SEA TO SUMMIT 的旅行袋里，容器会用气泡纸包起来，果酱和调料瓶会用减震材料包裹起来。

### 眼镜

与日抛的隐形眼镜一同使用。旅行期间眼睛很容易疲劳，有时中途也会换成眼镜，移动中戴眼镜比较轻松。

### 手表

想要马上就能看到时间，也为节省手机电池的电，手表是必需品。可以显示两个城市时间的手表不用来回对时间，很省事。

### 轻质折叠伞

不知道会不会用到的折叠伞，意外既重又占地方。旅行时我比较喜欢使用药妆店卖的那种 700 日元左右的轻质折叠伞。

### 文库书

会选择几本类别不同的文库书，数量会配合天数，如果两天一夜的旅行就带一本，如果五天就带两本。在旅行地也经常会买书。

### 厚袜子

长时间移动中脚尖会发冷，这时我就会换上厚袜子。感觉脱了鞋子就可以很放松。

### 环保袋

在治安不太好的地方，我会把高级店铺的纸袋隐藏起来。为了防止忘记带回来，我会把几个袋子汇总在一起。环保包在应对这种情况时也可以使用。

### 精油

移动中和在酒店等地方，心里不安时，我会将精油涂在手腕上和耳朵后面。携带用精油，滚动型的比较容易使用。

### 手绢 + 纸巾

亚麻的手绢，晚上洗第二天早上一下子就干了。这种清洁度很不错。也不要忘记出场率意外很高的口袋纸巾。

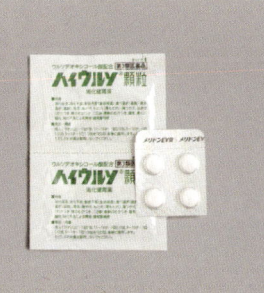

### 常备药

为了身体健康出现紊乱时做准备，一定要带着疲劳时容易出现症状的应对药。我会常备头疼药和胃药。

### 酒精消毒纸巾

由于我经常会去旧书店和古董店，消毒纸巾对我来说是必需品。而且，用餐的时候带着也很方便。

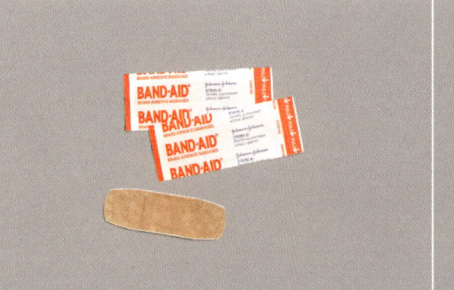

### 创可贴

即便是穿惯的鞋，有时也会磨脚。为了以防万一我会带着创可贴。就算自己不用，也可以给身边的人使用。

### 口罩

搭乘的交通工具开着空调会很干燥，口罩是必需的。尤其嗓子不太好的人绝对要戴。在车内和飞机内也可以遮挡住睡脸，一举两得。

## 出国旅行的必需品

不经意中就会忘记，出国旅行和日常生活的情况完全不同。安全方面、思维方式、习惯，根据国家不同，这些都大不相同。如果发生意外事故，好不容易得来的旅行的乐趣也会化为乌有，所以我会想一些对策。

以前，在斯德哥尔摩，我曾遇到过一个人，他在坐长途电车时摄像机被偷了。长途电车，放行李的地方距离座席有一段距离，眼睛看不到。他沮丧地说，"我是为了拍录像才来的，中途要回去了"，非常可怜。我想他如果用密码锁把大件行李固定在柱子上，贵重物品放在手边的话可能就能避免被偷了吧，真是遗憾。

也许是因为我一直选择比较安全的国家旅行？很幸运并没有遇到过盗窃等，不过当然也发生过很多次狼狈的事情。另外，旅行期间和安全问题同等重要的是，也要注意身体状况。

我在欧洲会因为温度变化、空气干燥、疲劳等原因，从嗓子开始出现感冒症状；在亚洲则是暴饮暴食和食物中毒等引发肠胃不适的状况比较多。所以，我会带一些物品来消除疲劳、调节身体状况。成年之后，疲劳时候的症状和解决方法等，自己应该会有倾向性和应对方法，所以好好地进行准备吧。

这样，出国旅行的必需品有"安全防范物品""调节身体状况的物品"和"让自己舒适的物品"。这些就算多少会为行李增加一些负担，也是一定会携带的。

### 要放入主包的物品

我曾经粗心地将酒放入随身携带的包中，结果在回来的机场被没收了。飞机旅行，100ml 以上的液体、剪刀和刀子等要放入托运行李中，这是绝不能违反的规定。

### 瑞士军刀

为了切奶酪、面包、水果，或开红酒和啤酒瓶子使用，有小刀、开瓶器、螺锥等，很方便。

### 变压插头和多头插座

变压插头是对应各个国家都可以使用的，非常方便。多头插座，是需充电设备很多的现代旅行必备之物。

### 密码锁

比起一般的挂锁，需要输入数字的锁安全性更高。在酒店寄存多件行李时，我也会用这种密码锁把行李拴在一起。

### 德国的管式洗涤剂

在酒店房间里洗涤时，洗衣粉有时没法溶化，我会将凝胶状的洗涤剂替换到小容器中携带着。

### 不像钱包的手包钱包

名牌的长钱包等太显眼了，旅行时不会带。会把大开口的手包当成钱包使用。

### 护照袋

除护照以外，大小还能放入打印的机票，很好用。旅行期间还会放入日元、家中钥匙等贵重用品。

### 凉鞋

穿袜子时也能穿的凉鞋，在飞机里和酒店代替拖鞋使用。也是我夏天主穿的鞋。

### 空气枕

如果飞行时间超过6个小时，我就会携带。趁此选择了可爱的图案。

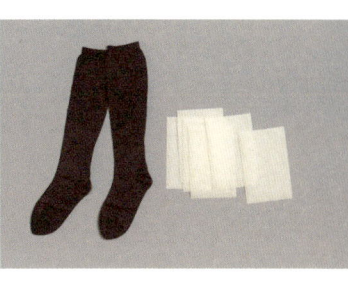

### 加压袜子和脚用垫布

防止浮肿和疲劳的袜子，洗过之后用力拧干，第二天早上就干了，和脚用垫布一起使用，第二天早上会很清爽。

47

## 携带了会很方便的物品

为了减少行李，5天以上的旅行我大多会在酒店房间里洗衣服。我会在衣架上晾手绢和袜子等，内衣和吊带衫等使用S形挂钩来晾，这个非常有用，在衣架不够的时候也经常使用。此外，有孩子的朋友好像一定会带衣夹，她告诉我说"洗小孩子的衣服，晾在衣架上时，为了防止脱落经常会用到"。

有的时候，住在国外的朋友曾拜托过我带大量的衣服过去。由于太多了，我找不到放自己行李的空间了，于是把它们放入压缩袋中将空气抽出，这样就减掉了相当大的体积。当然，回来的时候我压缩了自己的衣服。对于这种方便的商品我是外行，所以在网店上我会以口碑好为选择标准。

除此之外，我会在轻质水杯（虎牌 撒哈拉大杯300ml）中倒入温水，常年携带走动。我每天早上会沏好茶放进去，但是有时也会放入一时无法马上喝完的冷饮。

像这样的都是"没有也没关系，但是实际上经常可以用到"呢。全部都带上的话行李就会增加，所以并不一定每回都带，偶尔会考虑一下带上。

**很有用的方便物品**

我经常会把包放在四轮行李箱上，所以会常备将放上去的包固定用的"包的固定带"。这个是在亚马逊买的。

### 筷子和刀叉餐具

今晚把食物带出来在房间吃吧。这种时候有餐具的话就帮大忙了。我会带叉子、勺子和筷子。

### S 形挂钩

也考虑过带衣架，但是这个更小巧便携，所以采用了这个。准备了好几个大小可以挂在衣柜横杆上的。

### 旅行用会话集

出国旅行的时候，果然有这个就大有帮助。想要预先知道"多少钱？""请给我这个"等经常会用到的用语。

### 笔和笔记本

在笔记上聊天是沟通交流的有效手段。在使用汉字的国家和要乘出租车的国家尤其需要。有时候也会用它和关系要好的人交换联系方式。

### 压缩袋

虽是第一次使用它，觉得很方便。比较和讨论旅行用品，有时会在店里问，有时会参考亚马逊的排行榜和评论。

### 轻质水杯

平常使用的轻质水杯，旅行时也会带上。茶包也会带上，早上沏好茶一天慢慢喝。

49

# 美容用品是行李减重的关键

旅行期间，我的妆容和发型都比平日要更随便一些。我早上出门前打扮相当快，这让我很自负。说起来，到目前为止，旅行时我几乎没带过吹风机，目的是为了减少行李，而且酒店房间里一般都有吹风机。如果发型无法照预想的那般整理好，有发带或者帽子，就能帮助掩饰发型的凌乱了。

还有，我在旅行前会事先接好假睫毛。眼睛上面留出足够的睫毛量，眼妆画起来也会轻松许多。这也许也是打扮很快的原因之一。特别是进入海里或泳池等地方，睫毛如果比较浓密就会相当安心。这些都是我考虑到要尽可能减少护肤品和化妆品想出来的方法。这些美容用品既占空间又很重，很容易拖轻装旅行的后腿。

如果是三天两晚左右的旅行，护肤品我经常全部使用试用装。带的护肤品剩下的部分很容易忘记用完，而且之后也很容易忘记清洗分装瓶，所以我觉得旅行是试用那些试用品的好机会。这也推荐给那些认为把手边的化妆水转移到分装瓶很麻烦的人。带着比较喜欢的品牌的旅行装也不错。

平常不知不觉就丢入化妆包里的物品，我也会趁着这个机会重新审视，把它们清减到最少再携带。在旅行地也没有必要补妆。我会比较在意"简单、整洁"。

**睫毛夹要小**

化妆包里面最占空间的就是睫毛夹了吧。KOBAKO 的睫毛夹和眼影盒一样小，很适合旅行用。

卷睫毛器（标准）1400 日元（税后）/KOBAKO（贝印）

一下子就装好了

## BEAUTY ITEM LIST

- 护肤品套装
- 洗发水 & 润发素
- 肥皂
- 保湿乳液
- 牙刷
- 卸妆巾

CHAPTER 2 我的旅行准备

51

茶包、沐浴剂、能在身上和房间里喷的芳香喷雾、面膜、防水音箱，是放松的时间里不可缺少的5件物品。芳香系比较多，可能是因为旅行期间在某些地方会紧张吧。

# 在酒店的房间里悠闲度过

我喜欢在旅行地的酒店悠闲度日。出差等一个人的时候，我会尽早地回到房间，泡澡时放入沐浴剂，或是比平时更加用心保湿，会把时间用在对自己的呵护上。

朋友会把准备好的毛巾用热水浸泡拧干变成热毛巾，滴上精油，做蒸脸护肤。据说蒸汽和精油的香气可以让疲劳一扫而光。下次我一定要尝试一下。

我的秘密武器是，能把手机中的音乐播放出来的防水音箱。音箱用蓝牙可以一键连接，并不挑选使用环境。我会不紧不慢地边泡澡边看书，度过一个游手好闲的夜晚。这副样子绝对不能让外人看见！

另外，以前和我一起去国外出差的人，据说从日本带了酒，晚上就一个人在房间里悠闲地喝。这正是因为知道什么最舒服才干得出来的事啊。当然，享受当地的美酒和本地啤酒也不错。

还有，从旅行地写信，也是很棒的消磨时间的方式。事先在本子上记下亲近的人的联系地址，在旅行地买明信片，刷刷地写。我本身很喜欢从旅行地收到信，所以自己也会寄。不过，有时夜晚写的信过于感性，早上一定重新读一遍。

## 送给远方的朋友

送给远方朋友的土特产，我会选择只有东京才有的店的美食和他个人喜欢的物品。

**Au Bon Vieux Temps**
**"周末"**

磅蛋糕（Pound cake）"周末"可以放6天左右，会比点心好带。给有孩子的朋友，不知道人数多少的时候也能够切分，十分方便。1800日元（税后）

**银座西**
**叶子派**

在东京为人所熟知的银座西，好像没有地方成立分店，是很棒的东京特产。叶子派是单独包装的，作为出差的土特产也不错。5个袋装600日元（税后）

**TORAYA CAFE**
**AN PASTE（豆沙）**

TORAYA CAFE 只在东京有店，爱吃的人每次收到都非常开心。放在瓶子里稍有些重，但比较经放，是个不错的特产。常规1000日元（税后）

# 令人开心的土特产

去见住在远方的朋友的旅行，我会很用心地挑选土特产。因为是非常难得的机会，很想带给他们会让他们开心的礼物。

对于国内的朋友，我会带给他们只有东京才有的店里时尚的美食，保质期能有一周左右比较好。

送给住在国外的朋友，虎屋（TORAYA）的羊羹、福砂屋（该店标志是一只蝙蝠）的豆馅糯米饼（蝙蝠在华人圈是一种吉祥纹饰）和 HIGASHIYA GINZA 的糖很受欢迎。

送给住在国外的日本人，会送茅乃舍的汤料包和一保堂的焙茶（当然外国友人评价也很高）等在国外很难入手的食材。在超市可以买到的特产是鲑鱼片、茶泡饭，一看到是米饭他们都很喜欢！

## 送给住在外国的朋友

送给外国的朋友，会选择美味的日本食材和点心等。

### 一保堂茶铺
### 极上焙茶

一保堂茶铺的焙茶、玄米茶、抹茶的粉丝很多，只要送过一次，下次就说还要这个。送给住在国外的日本人，会带很多袋装的。纸盒罐 500 日元（税后）

### 虎屋（TORAYA）
### 小型羊羹

小型羊羹的混合包装设计也很有日本风格，作为特产可以很自豪地送出去。其他还有红白色花朵形状的豆馅糯米饼也经常带过去。5 个装 1300 日元（税后）

### HIGASHIYA GINZA
### 糖

包装很精美，品位高的人很喜欢。即使不知道对方家人的人数，单个包装也让人安心。选择的时候也看重它并不重这一点。1400 日元（税后）

### 福砂屋
### 手作豆馅糯米饼

福砂屋以长崎蛋糕闻名，但是我也推荐它的手作豆馅糯米饼。品尝到手作的清爽的豆馅糯米饼，有孩子的家庭会很喜欢。8 个装 750 日元（税后）

### 久原本家 茅乃舍
### 茅乃舍汤料

如果要送日本的食材，量少却质高的东西比较好。汤料和海带等干物、调料等一定很受欢迎。要是带汤料包的话就送这个。357 日元（税后）

## 旅行的麻烦

由于对体力和学习语言的能力都没有自信,所以我的原则是旅行中不乱来。就算精力充沛地四处行动,但实际上却很好地保存了体力,也很注意肠胃的状态。因为旅行中容易兴致高涨,在无所察觉的情况下勉强自己,一旦用力过度,这种不良影响就会在旅行后半程和旅行之后一下子显现出来,有时会昏睡不醒。我想尽可能避免身体出现问题,所以会尽量努力不打乱自己的节奏,在力所能及的情况下享受旅行。

不贪婪,不勉强。由于考虑到经济原因,总会不知不觉就把行程填得很满,但是现在慢慢会想"如果有缘的话一定能够再来的"。

从以往的经验来看,旅行在移动的时候最容易出现麻烦。带着大件行李在人群中移动时,情况与平常不同,误机、忘带东西、碰到小偷等等,可能会遭遇各种事情。所以,为了到时候不慌慌张张,我会提早前往机场和车站。

当然,我会避开危险区域和时间段,晚上为了恢复体力,我会尽量早睡,然后早上会早起。我会将作息时间比平常略微提前一些,很注意在旅行中保持健康。

另外,身体一旦出现异常,我会吃药好好地为身体补充养分。为了保护嗓子、头和胃,我也会常备口罩、喉糖、头疼药和肠胃药。

**不要忘记上旅行险**

上旅行险不止是为了防盗,如果要使用救护车和医院,会需要申请大额费用,特别是去美国的时候,不要忘记事先申请。可能还要随身带着卡,请事先做好调查。

## ITEM LIST

- 经常会用到的药（头疼药、肠胃药等）
- 口罩
- 喉糖
- 旅行险的文件、咨询方式
- （长期旅行时）粉状宝矿力水特（Pocari Sweat）

## 护身符 3 万日元

讲个比较难为情的事情。我曾经碰到过在旅行地取不出钱来的麻烦。想着比起带大量现金，用信用卡支付又省事，手续费又便宜，可是到 ATM 机想要取钱时，试了很多次都不行。重复试了很多次后，卡也没法从机器里取出来了，可能是被锁了。店员和我说"还是放弃吧"。

原因是我并没有对卡进行可以兑现的设定，结果在那次旅行中我都无法取现，只好急忙把偷偷藏在护照套里的一万日元兑换成外汇，总算将就着对付过去了。

而且，在美元比日元更加流通的国家，美元的零钱包非常有用。在小的地方城市，比起日元，绝对是美元更容易兑换货币，还有能够用美元支付的店。

吸取了以上这些经验教训，为了以防万一，我会带 3 万日元现金作为护身符。如果用不到就谢天谢地，如果同行者有了困难，也可以借给他。

万一信用卡无法使用，或万一现金取不出来，意想不到的麻烦随时都可能发生，所以我会把这 3 万日元现金和航空护身符一起藏入行李箱的底层。

**信用卡会分不同的公司**

我有两张不同公司的信用卡，VISA（维萨）和 Master Card（万事达卡），使用起来很方便。如果要取现的话，要事先确认 ATM 的操作方法、是否能够取现以及限额等。

在旅行中起到暗中守护的作用。
万一遭遇盗窃等情况时，肯定能帮到。
为了分散风险，到达酒店后，我不会
把它放在钱包里，而是放在行李箱中。

# 旅行的衣服

实际上，无论是三天两夜的旅行，还是两个星期的旅行，我的行李量是不变的，顶多衣服的数量稍微增加一些。朋友和有工作关系的人经常会很惊讶地说："哎？行李就这些吗？"

行李很少，毫无疑问是因为衣服少。比如说如果是三天两夜的旅行，我带的衣服数量是上衣和贴身内衣每天一件，下装一两件。两个星期的旅行也是，上衣四五件，下装两三件，贴身内衣各三四件。为了减少携带衣服的数量，上衣和贴身内衣类的我会手洗，下装也会在酒店让送洗衣服时拿去洗。

旅行时候的穿衣打扮，我会从脚上开始搭配。首先，先决定要穿什么样的鞋，然后选择与鞋相匹配的不太让身体紧绷的下装。长裙和裤子等各带一件就行了。太紧身的极瘦裤子，不推荐在移动的时候穿。

如果想要搭配得休闲些，我会选驼色和褐色的下装。很多时候我会选看起来很稳重的藏青色等深色的下装。深色的下装就算弄脏了也并不显眼，所以很轻松。然后我会在亮色（主要是白色）的上衣上再加一件外套。

为了尽量容易广泛搭配，裙子或者上衣的某件可以是带花纹的。旅行中，最理想的就是所有衣服都能够搭配，所以，要力求简单。如果觉得有些单调，可以用针织开衫、包、披肩等来增色。

移动的日子我会穿长裙，里面加上打底裤。在乘坐交通工具时，我会再穿上厚袜子做完全的防护。即使在夏天我也有过从脚上慢慢发凉、身体出现异常的情况，所以会采取一些应对措施。

　与其说考虑怎么穿衣服，不如说我想得更多的是不穿时候的情况。衣服放入行李箱时，或脱下来拿在手上的时候，会不会太大，会不会重。比如，很厚的风衣脱下来会很麻烦，如果是可以一直将风衣穿在身上的温度，就会带，但是如果有需要脱下来带着的情况，我就会带更薄些的。牛仔服、大衣、质地较厚的休闲裤等又重又占地方的衣服我也不会带。我会尽可能叠穿又薄又轻的衣服，这样可以减少行李，还比较容易调节温度。

　还有，我也很喜欢在旅行地买衣服。由于能买到很适合当地气候和风土人情的颜色和材质的衣服，所以我经常会在旅行地买衣服换上。尽量不让自己带过多的衣服，可能也有这个原因。

## 上衣

上衣我会带快干的亚麻白衬衫、化纤的白上衣和素色的针织衫等等。白色是所有下装的百搭色。有时候我会再多加一件横条纹的针织衫。

## 旅行的固定衣服

穿起来很舒适、
不束缚身体、
很清爽、
轻便又行动自如的衣服。
不管去哪里,
我都想穿不轻浮的衣服。

## 长裙

穿起来很舒适的长裙,有时候里面还可以叠穿其他衣服。腰上是松紧带,是贪吃鬼的温柔伙伴。在日本也很有名气的中国台湾郑惠中的衣服,每一件都很美,风能够很清爽地穿过,穿起来非常凉快。

## 外衣

我也会带可以卷一卷放进包里的外衣。亚麻的连衣裙如果解开扣子,也可以当作外衣来穿。连衣裙不像外套那样占地方,体积上来说大小刚好,所以我非常喜欢穿。

## 水桶包

我会在水桶包里放入贵重物品和手机,吃饭的时候只带着这个就好了。有时装扮自己,并不需要换衣服,而是带着小小的包,再加上首饰。最近正在这样装扮自己。

## 针织开衫

成色很美、很薄的针织开衫。如果不化妆,脸色看起来会很暗淡,如果穿件颜色漂亮的衣服,脸部周围就会绽放光辉。正因为是很简朴的搭配,所以只要在某个地方略微增色,就能够张弛有度。

## 鞋

基本上只会穿鞋底结实、方便行走的鞋。New Balance 是旅行的常备。白皮鞋也有带子可以调节松紧,意外地很方便行走。只不过,如果接连穿好几天,鞋会比较容易磨损,所以我穿皮鞋的时候一定会再带一双鞋。

## 裤子

根据要去的地方和一起去的人不同,我会灵活改变着装。在平常的旅行中,穿藏青色下装的时候较多。以前在旅行地见过有人上下都穿白色,得体又非常时尚。亮色的下装也很好呀。

### 夏天的衣服

会选又通风、质地又凉快的衣服
颜色以白色为主
总之归纳起来就是清爽

**A 把披肩当外衣**

我有各种颜色的 matta 披肩。尺寸足够大，可以把身体包裹起来，所以感到寒冷的时候，也能把它当外衣来用。有很多的流苏，显得很成熟。

**B 墨镜**

平常并不怎么经常戴，但是由于经常会去很热的国家，所以夏天的旅行，墨镜是必需品。与其说是为了时尚，不如说是为了保护眼睛。

**C 能够折叠的帽子**

在日光强烈的夏季旅行中，帽子是必需的。一戴上很棒的帽子，搭配的品位就会提升，所以我日常就会寻找时尚又能够折叠的帽子。

**D 麻 & 速干质地的上衣**

如果在旅行期间洗衣服，麻料上衣绝对会干得很快。我很喜欢无印良品质朴的麻料上衣。带去旅行的衣服，宽松是条件。

## E 羽绒服

冬天的旅行由于无法预知有多寒冷,所以我会带折叠起来很便携的 mont-bell 的羽绒服。同样,优衣库的超轻羽绒服也是面向旅行的吧。

## F 温暖的围巾

听说寒冷的时候,最好不要从脖子、手腕、脚踝处进风。围巾容易调节温度,我一定会带。这个也很容易弄丢,所以要适当注意。

## G 针织帽

如果把头严密地防护好,似乎防寒度就会提高。摘下来时也很好处理的针织帽就很好。由于小件物品会有丢失的可能性,所以我会带方便替换的。

## H 羊皮靴

如果没有下雪我会穿羊皮靴,下雨和下雪时我有时会穿不易滑倒的登山鞋。里面会穿厚袜子,脚上如果足够保暖,防寒就很有效。

## 冬天的衣服

重视防寒功能
特别是为保证脚尖不受冻
做出强有力的保护措施

某个出色的成熟女人
告诉我,要拥有一件吸汗
材质的黑色连衣裙,可以
在移动和在餐厅用餐时穿。

## 去出色的餐厅

在旅行中,我一般都装扮得很休闲,所以也想带一件去好餐厅时穿的连衣裙。长途旅行,行李会增多,有时候不能为了外出吃饭而特意多带衣服,这种时候,我就会把上下颜色相同的衣服像连衣裙那样搭配起来。

比如说像藏青、黑、白这种很成熟又容易打理的颜色。上下用相同的颜色连贯起来时,可以佩戴长串的珍珠项链,也可以搭上披肩,看起来不会太单调。上下同色的搭配,在某个地方叠加不同材质感的物品,或者选择布料自然褶很漂亮的衣服,感觉就出来了。夜色的黑暗会为我蒙上一层面纱,所以自己认为这样应该还说得过去。

去餐厅时带的包,我会带水桶包或者晚装包。没有必要带很高级的,只要有小包在,仅凭这个,看起来就像精心装扮过了。脚上会穿皮鞋、芭蕾舞鞋,时尚凉拖也不错。

所有东西都不是为了盛装打扮而准备的专用品,我只是带着既可以平常穿也可以打扮入时的衣服,用小物件来改变氛围。

**华丽的鞋也要轻便**

我有时也会分别带专门走路的鞋和时尚的鞋。由于会成为行李,所以我会选时尚凉拖和芭蕾舞鞋等极尽华丽却又不占地方的鞋。

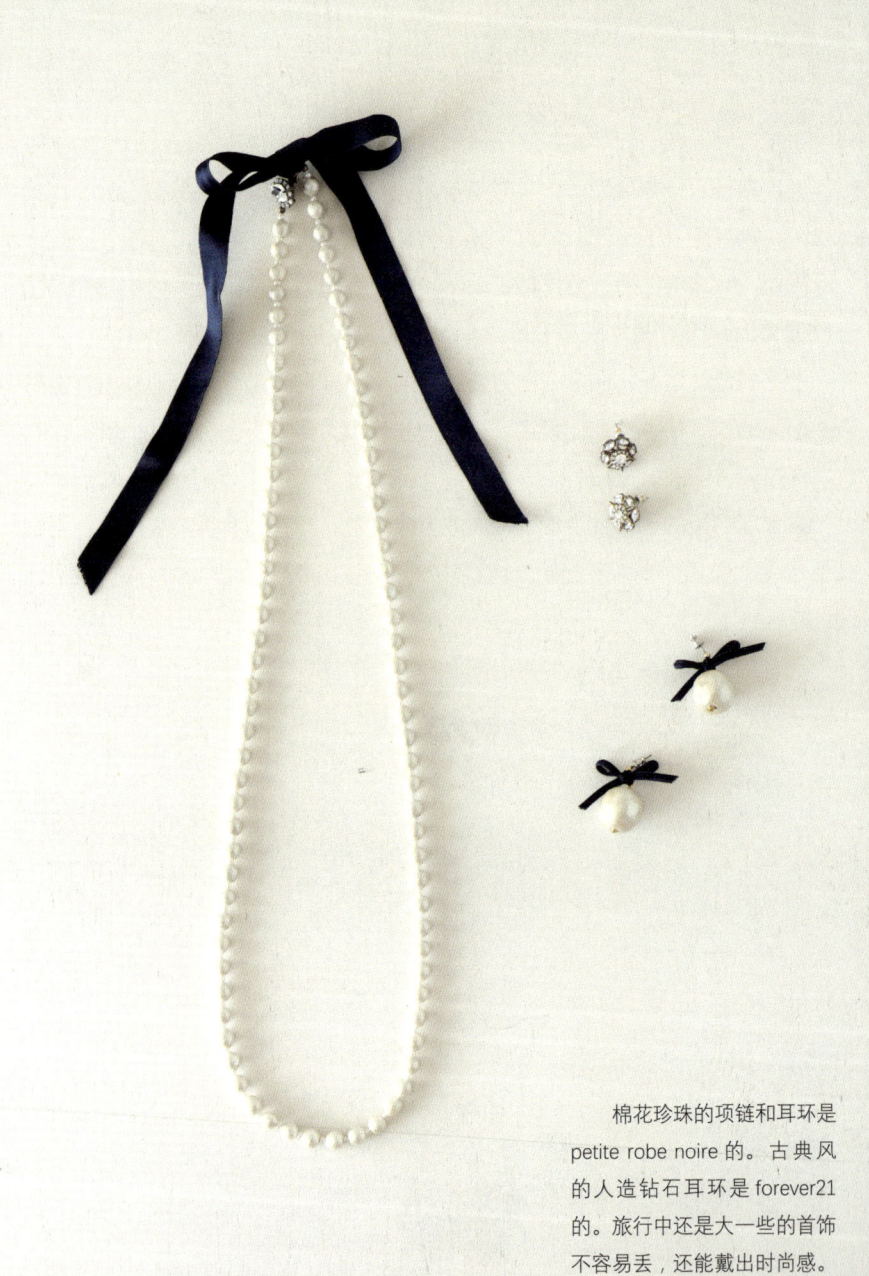

棉花珍珠的项链和耳环是 petite robe noire 的。古典风的人造钻石耳环是 forever21 的。旅行中还是大一些的首饰不容易丢,还能戴出时尚感。

# 少带衣服，多带小饰品

我虽然衣服带得很少，但是首饰之类的小物品我会带很多。尤其是在国外，好好装扮一番不会吃亏的，很多时候我都会戴棉花珍珠的首饰。

棉花珍珠真的很轻，只戴长项链和耳环就已经很华丽了。如果带真的珍珠，弄丢或损坏，就无法复原了。所以旅行中，我会带用"即使丢了也无关紧要的价格""能够再买的东西"。

除了棉花珍珠以外，我还会带古典样式的人造钻石耳环（在forever21花了几百日元买的）、胸针等大号的首饰。前面（P74）附上的藏青色的长项链，也是备受赞誉的一款。其他还会带一两件颜色、图案都不同的披肩。比起衣服来，改变小物更能够变换印象，所以我会带很多不占地方的小物品。

而且，和衣服一样，我也经常会在旅行地寻找首饰。手工艺者制作的首饰和用稍有些俏皮的古董配件制作的首饰等，尤其是在神户、巴黎和中国台湾经常会邂逅很棒的首饰。

另外，帽子、发带和发饰等也是旅行必需品。就算发型一时整理不好，有了帽子和发带，总会有办法的，可以愉悦地搞定。

**携带首饰的方法**

小的耳环我会装进无印良品的药盒。项链会放进腰包和化妆包里，然后放进行李箱中间区分开的网格袋里，既好找又不会损坏。

## 睡衣怎么办？

有件一直很在意的事情，那就是关于在旅行中穿什么睡衣睡觉的问题。很难得的机会，我问了一下稍后会登场的三个人，得到了这样有趣的回答。

睡觉时穿的衣服，大致分三种。

①睡觉穿

②睡觉 + 在房间穿

③睡觉 + 在房间 + 偶尔外出到附近不远的地方穿

也许是偶然的，女士们选了兼有在房间穿和外出穿功能的②和③，男士们则选择带①睡衣，这令我感到稍微有些惊讶。

我也憧憬着什么时候带条纹睡衣出去旅行，但是我总是考虑怎样才合理，总是考虑要减少行李，所以睡衣总是会最先从单子里被划掉。但是，下次的旅行我想带睡衣，或者在旅行地买睡衣。

大多数酒店里会准备类似睡衣的东西，但是或者不太合身，或者早上睡醒时发现会有一半大敞着，穿着的感觉很多时候都差那么一点儿，果然还是想穿着穿惯了的衣服睡觉。我觉得对于我来说，比起枕头是否合适，倒不如穿什么睡更决定睡眠是否可以放松。

### 山村光春的睡衣

在中国香港买的有着古典小马图案的睡衣，还带有花边。睡衣的质量，是会提高旅行质量的。这是很符合大人旅行的睡衣。

### 我的睡衣

只有这种时候才有机会穿的乐队 T 恤和纯棉快干质地的外出穿的裤子。这是可以去超市的装扮。我会带好几件 T 恤。

### 西希的睡衣

为了使携带物品更简洁，不带睡衣的话，会穿在房间也能穿、外出也能穿的白色针织衫和同样白色的打底裤，再加上短衬裤研究所的过膝短衬裤。

### 渡边真希的睡衣

也可以在房间里穿的快干质地的针织衫和吸汗的裤子。考虑到旅行地的气候很容易变化，为了夜里睡觉不冷而选择长裤和可靠的套头衫。

CHAPTER 2 我的旅行准备

那个人的旅行准备 ❶

料理家 **渡边真希**

轻快、柔和，
并不会因为是旅行而做过多的准备，
渡边真希一直以自然态旅行。
让我们看看她的行李。

## 渡边女士的旅行风格

一家三口的旅行，大约在暑假和寒假各一周。夏天会去夏威夷，冬天会去北海道滑雪什么的。另外，也会积极地参加山梨和丹泽两天一夜的宿营等活动。女性之旅每年 3~4 月会去中国台湾等亚洲地区，秋天也会进行国内旅行。

倡导全家人一起开心吃饭的人气料理家。在旅行中会穿较薄的舒适的衣服。

### 悠闲而舒适的装行李方式

真希的风格是，用 98L 的特大行李箱，悠闲打包。放入衣服、北面（NORTH FACE）的腰包、环保包、水杯、背包。带往国外的特产是日本茶、海苔，在国内则一定会带点心和脆饼。

### 旅行携带物品

旅行会带墨镜、宽沿帽子、薄开衫毛衣、藤篮包、披肩等。即便在很热的季节里也会穿着袜子。脚上穿方便行走的帆布鞋。其他还不会忘了相机和笔记本。

旅行达人的行前准备

72

### 旅行的衣服

会带脱穿比较容易、脏了的话一下子就能洗的轻薄衣服。会带针织衫、腰部是松紧带的那种不紧绷的下身衣服等。搭配不会事先决定好。

特大的手提袋是回去时带特产用的，连篮子和蒸笼等也可以很轻松地放进去。会买茶叶、巧克力、唇膏、肥皂等土特产。

**很大的包** ←

**漂亮的衣服** ←

穿朴素的连衣裙，带闪亮的包，无意中就装扮得很漂亮。

### 保养品是必需的

补妆类的会统一放在手包里。进房间后介意屋里的味道时，会对着屋内或者对着枕头，喷芳香喷雾，一下子心里就平静下来了。

### 渡边的旅行准备

衣服会根据旅行天数带相应数量。每件都既轻又小且易折叠，不会成为负担。

## 薄衣服会带好几件

渡边出去旅行的机会很多，有家庭旅行、出差、女性旅行等。

真希并不会因为是旅行而去特意准备，而是穿着和平常一样的衣服出门。她的行李，比如说四天三夜的情况，会带两三件外套、六七件上衣（含睡衣）、三件下装，还有连衣裙。因为不想弄丢首饰，耳饰会带一两个。虽然数量上看会带这么多，但是它们各自又薄又轻，所以总体来说行李很少。回去的时候特产会增加，所以她的特征是会带很大的箱子。因为很大，所以装起行李来据说很轻松。

CHAPTER 2 我的旅行准备

73

## 那个人的旅行准备 ❷
### 编辑 山村光春

山村先生，无论工作还是私人时间都轻装移动。会选择让自己心情愉快的物品。

### 行李箱或者背包

足够大的行李箱，冬天去欧洲一周以上的旅行或购物之旅等会带。如果是不到一周的旅行，会带大大的背包和有马图案的挎包轻松出门。

编辑山村光春先生。以东京和上田两个地方为据点，每天都国内外跑来跑去。喜欢旅行地的清晨。

旅行，首先决定一个目的。这是以"进攻正宗的土耳其料理"为主题去伊斯坦布尔时买的调料。

插座和充电器等一起轻松放进泷川和美的蜡布（wax cloth）包里。

### 放入四角包里

装衣服的包，长期使用的是芬里希梦（FELISSIMO）的包。衣服只带这里能装得下的。小包放洗漱用品。

> **山村先生的旅行风格**
>
> 出差最多，私人时间则基本上是拜访生活在当地的朋友的一个人之旅。目的地是中国台湾和美国等，国内的话大概是两三天，去国外则是十天左右。旅行时，比起移动来更喜欢待在一个城市里。书会带两本厚厚的文库本，一般会带小说和随笔。

旅行达人的行前准备

74

## 山村先生旅行的衣服

旅行和出差，都是与平常差不多的潇洒装扮。而且，还有确定下来的准则。

**夏天穿短裤**

夏天的旅行一定会带短裤。长裤、短裤各一条，或短裤两条（好看的和随意的）。

**冬天穿薄针织衫**

冬天会穿也可以穿在里面的又轻又薄的针织衫。坐新干线移动时，会带很大的类似披肩一样的围巾。很时尚，也能搭在膝盖上防寒，可以起到双重作用。

**平日的衣服和鞋**

带帽子的运动服和运动裤，在房间里也能穿，出去也能穿。整洁的运动鞋日常移动时穿，在欧洲会穿轻便的皮鞋。

# 选择看上去整洁、让人心情舒适的衣服

很习惯旅行的山村光春，旅行的搭配也是有原则的，他很善于把握"整洁"和"随意"之间的平衡。装扮既很放松，又很成熟。

随意的下装会配衬衫，整洁规矩的下装会外面搭一件风衣。移动时一般都是运动服和衬衫。票会放进衬衫的胸前口袋里。

三天两夜的旅行，会带三件上衣（衬衫、针织衫、风衣）、两件T恤、两件下装（好看的和随意的各一件）。鞋会带一双。据说有时还会带一双跑鞋。

## 那个人的旅行准备 ❸

### 摄影师 西希

孩子出生之后,旅行风格就改变了。现在在尽自己的可能,进行完全不会勉强自己的旅行。

西希是拍摄旅行和生活的摄影师。为了拍摄照片会一个人飞去古巴,也很擅长背包客的旅行。

### 万能的布

充满彩色花纹图案的东非花布肯加(kanga),因为很大,可以有各种使用方法。换尿布的垫子、哺乳用的斗篷、披肩、汗巾等等,当作什么都能用,非常方便。

### 孩子的东西装在手提包里

大的背包和大的手提包是每次都要带的。孩子的行李我会集中放在容易取放的 L.L.Bean 的手提包里,又大又醒目的玩偶不容易丢。

在旅行时不怎么买东西,但这是一个人去墨西哥和古巴旅行时发现的杂货。眼前的木制品是在教堂买到的。

### 小西的 旅行风格

孩子出生之后,几乎都是开车在国内旅行了。春天、夏天、秋天人不太拥挤的时候,一家三口会出去住个一两夜。因为有孩子一起,所以日程不会安排太紧张,而是像平常一样。在这本书制作的过程中,听说一家人第一次去国外旅行了。

爸爸用户外品牌 Deuter（多特）的儿童背袋背着孩子。

### 与孩子一起的旅行

与孩子一起的旅行，会出现很多脏衣物，可又没办法马上洗，所以要是有可以放进脏衣物的 SEA TO SUMMIT 的防水袋就好办了。没法做到完全防水，但因为是不沾水的面料所以比较安心。

## 小西的旅行准备

小西一家夫妻二人都是摄影师。行李很多的亲子旅行都是开车去。

### 也不要忘记时尚

小西总是把饰品使用得非常出色。旅行也是，会带很多国内外设计师做的大件饰品。分开放在手包里，很容易取出。

# 切换成能够与孩子一起开心享受的旅行

西希原本经常长途旅行，单身时曾精力充沛地去世界各地旅行。在街上与平常生活在那里的人们聊天、拍摄照片。

孩子出生之后，长途旅行变得困难，她开始考虑将之前自由悠闲的旅行风格和亲子旅行结合在一起。

开车旅行时，她也会带寻找东西用的前照灯和防寒用的睡袋。而且她自己会穿着容易系背带扣的、方便行动的、马上就能洗的很中意的衣服。当然也不会忘记带平日的饰品。

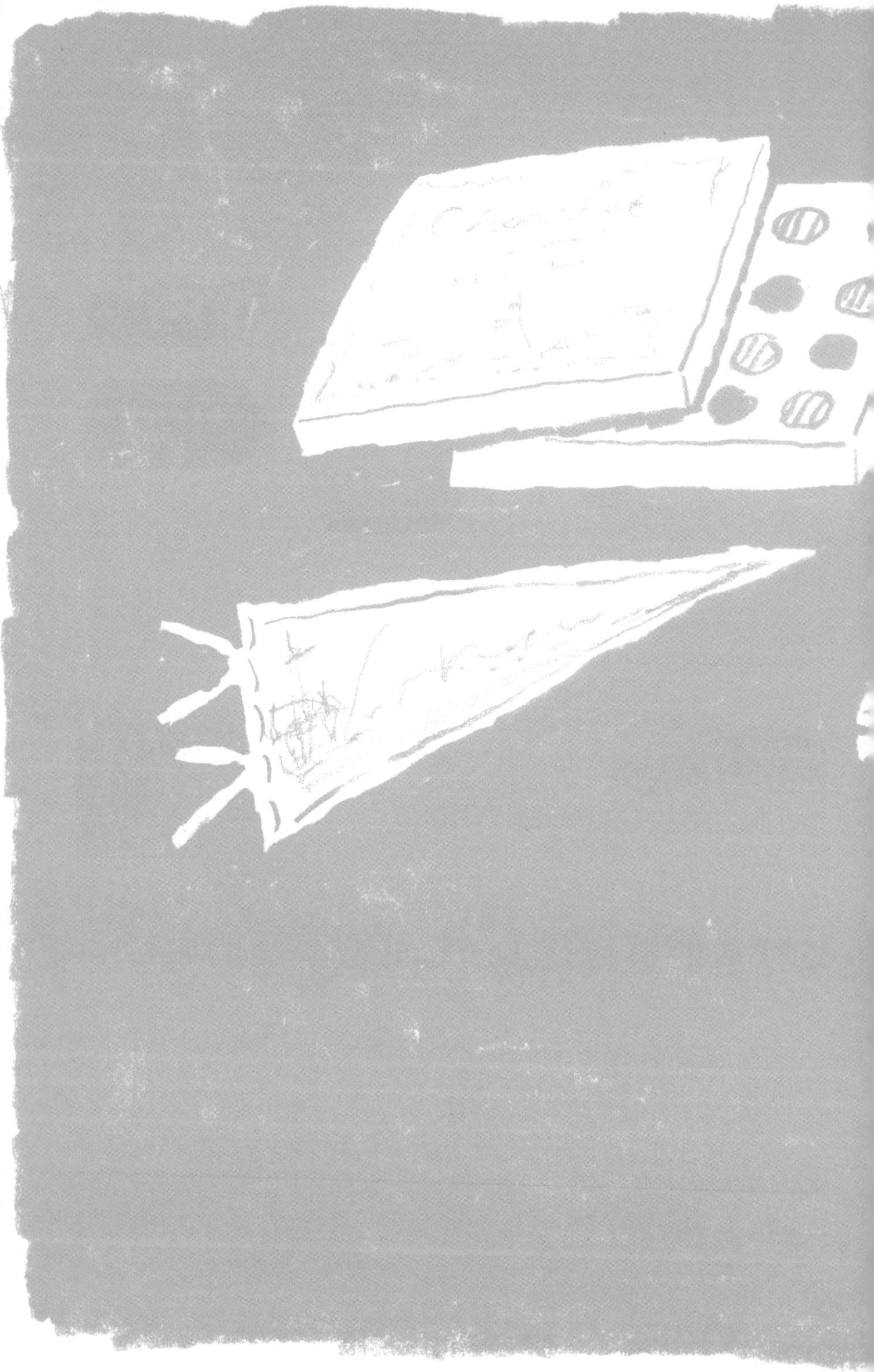

# CHAPTER 3
## 多种多样的旅行方式

　　我第一次出国旅行是 12 岁的时候。与妈妈一起周游欧洲五国，亲眼见到了意大利的古迹，为还有这样与日本的文化和历史大为不同的国家所震惊。

　　在那次旅行中，发生了一些遗憾的事情。我在瑞士的雪山上发生了高山反应，一位不认识的外国阿姨帮助了我。我丧失了体力，在移动过程中一直在睡……但所幸并没有因此讨厌旅行，自那以后我经常去国内旅行，也去欧洲、亚洲等各种各样的国家旅行。

　　这些年的旅行地，多为和缓身心的、温暖的岛屿和岛国。吃着美味的食物，不知不觉就慵懒度日起来。

在爱沙尼亚发现的猫手套

SCANDINAVIA
北欧

在瑞典中部的达拉纳地区，我邂逅了许多手工艺品。民家举办车库售货，我兴致勃勃地跑去观看，结果被邀请到屋子里面。猫咪的手套是在爱沙尼亚看到的。

指示牌也是手作的，好可爱

## 瑞典青年旅舍之旅

一片蔚蓝的寂静氛围。降落到机场上感受到的这种蓝色的氛围，走到森林、湖泊、海边时，感受得更加浓烈。我的心完全被这种像加了淡蓝色滤镜的照片一般无处不在的透明感所俘虏。

第一次到北欧旅行，我记得大概是 25 岁左右时。在那之后，以瑞典为起点，我还去了芬兰、丹麦、挪威，瑞典国内从首都斯德哥尔摩到北极圈的基律纳、中部的达拉纳地区等总共去了有十次左右吧。我还有好多次从赫尔辛基坐两个小时船去爱沙尼亚的塔林。

瑞典的物价很高（消费税有 25%！），让旅行者哭泣。由于想一个人长期

北欧的优点就是,即使在城市里,也离大海、湖泊、森林等大自然的距离很近,十分开阔。真的是让人心情很好的国度。

留在那里,所以我总是住在青年旅舍。掀开它的面纱会发现,这是个饮食略微贫乏的国家,所以住在能够自己做饭的青年旅舍是正确的选择。

  大家都在厨房做着各种各样的料理。从带锅来的中国大婶,到将瓶装的西红柿酱倒在意面上吃的年轻人,千姿百态。有一次,在夏天炎热的日子里,我因为食材比较容易入手,做了日本风味的四川凉面,结果有各种各样的声音出现:"装盘真好看啊!""这个是料理?"

  我会在某天到海边市场去买水果和蔬菜做饭,然后又会在某天,骑街上出租的自行车去二手商店转,淘古董食器、锅和篮子等。我也会去美术馆和图书

CHAPTER 3 多种多样的旅行方式

我非常喜欢在旅行地参观市场，用民俗学的视角来看他们吃什么样的东西，用什么样的用品。北欧的用具很多都是用天然材质做的，这些我也能产生共鸣。

市场一定会去。

加上搅拌起泡的奶油和果酱

去买东西的大婶的背影很可爱！我也想穿这样的连衣裙。

毛线被放进筐里，许许多多摞在一起

馆，将身心完全敞开而生活。

此外，我不仅在城市里生活，还参加过叫作"Fjallraven Classic"的经典穿越徒步（全球十大最美徒步路线之一）。在这个比赛中，我背着帐篷、睡袋和食物，在国家公园里行走数天，遇到了白夜中出现的驯鹿，还数次看到雨后彩虹，被瑞典自然的宏伟深深拥抱。

像这样，回想起来，每次旅行据点都在青年旅舍。虽然有时也有单人间和双人间，但我基本上都是与人同住，从十几岁的背包客到中年男女，大家都把握分寸自由生活。

无论多少岁都能旅游。这样告诉我的，就是这里的瑞典青年旅舍。

A　B　C

D　E

## 在北欧发现的生活用品

　　篮子、木托盘、古典器具等，全都是我喜欢的东西，是我步行寻找到的可爱的家伙们。

F

G　H

这些是我去转了很多次，一点一点入手的物品。边为它们做保养，边每天珍重地使用。
A 市场上装毛线和土豆用的篮子，有提手，很好用。
B 白桦木做的篮子，随着使用，颜色会逐渐加深。
C Kuksa（芬兰传统手工木制水杯）据说作为礼物来送比较好，不过我自己买了。
D、E 代表瑞典的设计师 STIG LINDBERG 的杯子和杯托。古斯塔夫斯贝里窑产的古董。
F 在手工艺店发现的滞销产品蒂罗尔（Tyro lean）绣带，朴素的颜色我很中意。
G 在跳蚤市场和古董店耐心找到的编织物。
H 古董木托盘。在室内使用的古董用具，我只选择状态较好的。

CHAPTER 3　多种多样的旅行方式

83

到达机场等火车的时间里,去了河内的旧城区吃饭。无汁面和馄饨面很好吃。地道的越南料理开吃,状态绝佳!

Night Train

这个面很好吃!

Hanoi

河内大教堂

一晚承蒙关照!

VIETNAM
越南

## 悠闲逛街之旅

  会合的地方是越南的首都河内的内拜国际机场。我之前在台北停留了一周,从桃园机场飞过来,和从东京来的家人会合。

  我第一次到越南旅行。平常都是我很用心地去查自己想去的地方,但是这次被建议说"去河内和顺化吧,不那么城市化很好啊",于是想要感受一下真实的越南,旅行的行程全部拜托给家人了。我认真研读了关于越南料理的书,悉心寻找每个城市的餐厅。我接受了越南料理研究者铃木珠美的推荐,除交通和住宿之外,其他基本上都是无计划出行。

在顺化，去王宫散步，然后走走吃吃，"BANH CANH"的蟹丸乌冬面最棒了。也每天都想吃法国的 NGO 面包店的面包和"COM HEN"的蚬饭。

车内卖的粥，调味很好！

在月台上卖的玉米

Hue

"BANH CANH"的蟹丸乌冬面

早上起来，列车内的售卖小车转来转去。粥的味道很浓，似乎多少碗都能吃掉。在下车的顺化站月台上，有卖粽子（似乎是）、玉米和小吃等。

从机场来到河内的街上，在"MiVan Than"吃午饭，然后坐 19:30 出发的夜行列车。这一趟漫长的列车之旅，到顺化需要 12 个半小时。

列车卧铺是四人间，有两个上下铺。我和越南大婶、欧美大叔同一间，大婶一会儿吃东西，一会儿开收音机，一会儿唱歌，非常自由自在。床睡起来感觉也没有那么差，熟睡过后，喝了车内售卖的粥，吃了大婶分给我的阳桃，就到了顺化。

顺化是越南最后的王朝"阮氏王朝"曾经存在过的古都，城中央有大河香江穿流而过。我把行李放在酒店，首先去了位于老城区的世界遗产阮氏王宫，一边啃着在王宫外买的菠萝，一边散步。

CHAPTER 3 多种多样的旅行方式

越南人以这种感觉在路边手脚麻利地做饭。连锅和用具的使用方法我都很仔细地盯着看。

← 盼望已久的清爽的龙桑茶和越南咖啡

想马上再去吃

坐出租车去了铃木珠美推荐的鸡肉火锅店保和楼（ホワロー）。着迷于在那里时去过两次的茶店"暗金"，喝了好多杯"绿茶 + 酸橙"的清爽饮料——龙桑茶。

在顺化住了一晚之后，我们第二天坐三个半小时左右的车前往会安。会安是座小巧可爱的城，它那古老的街道被列入了世界文化遗产。会安作为海滩胜地也很受欧美人的欢迎，但是由于冬天是淡季，旅行的人大多都是当天往返，住宿的人很少。多亏如此，我才能悠闲度日。

可能是因为移动很多，在台湾行李又增加了的原因吧，很少见地，我到目前为止没怎么买东西。到这里终于习惯了越南的生活，好像打开了土特产的开关，吃吃喝喝，顺便去做了裙子，买鱼形的手包，还到夜市上去找珍珠项链等等。

# Hanoi

会安的著名美食白玫瑰不容错过。由于没有餐厅情报，所以晚上就走进了人很多的店。浇上香茅的烤鱼很好吃。

会安很像神话国度。

我仔仔细细观看了包白玫瑰的过程。

# Hoi An

这是这次旅行中让我印象最深刻的保和楼（ホワロー）的糯米酒鸡肉锅。正因为很简单，才异常感动！

从会安经由蚬港机场回到河内，最后的几天，我把寻求越南美食当作旅行的主题。越南料理中大量使用蔬菜，毫不吝惜的香草和酸橙大起作用的调味，让人欲罢不能。即使不是在讲究的高级饭店，味道也是如此正宗，每道料理都仿佛能引发出人身体深处的活力一样，强大有力。还有，让我盼望已久的下午茶时间，可以享用越南咖啡、在绿茶中混入柠檬和酸橙汁的清爽饮品龙桑茶、在布丁里加入凉粉等。对于喜欢吃香草和酸味食品的我来说，吃到嘴里的所有东西都让我不停地感动，越南变成了我想来无数次的国家。

说起来，我因为太过热衷于吃东西，而忘记买陶器。还要马上再去才行。

CHAPTER 3　多种多样的旅行方式

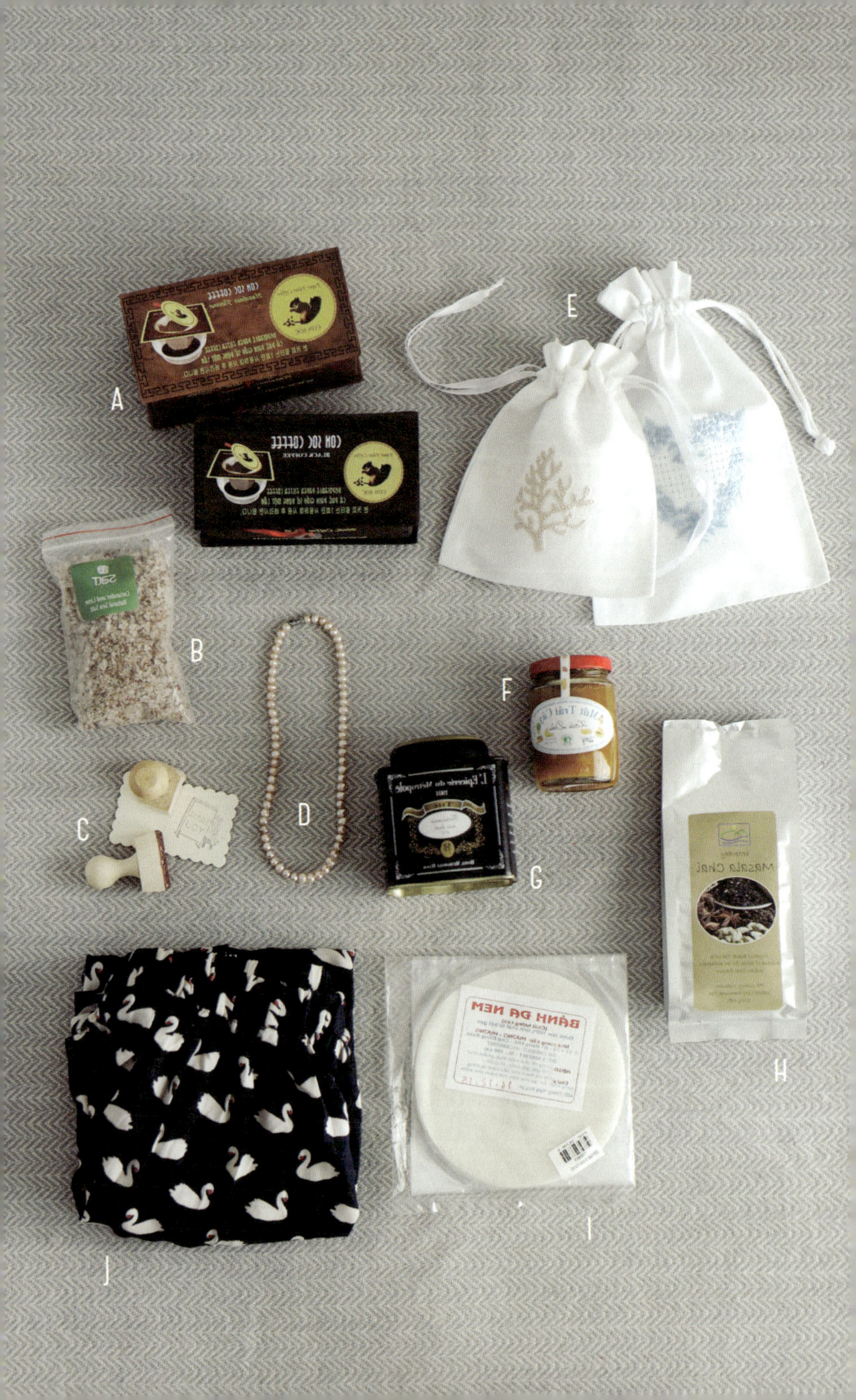
A
B
C
D
E
F
G
H
I
J

## 少数严格甄选！
## 越南土特产

在我来说，在越南买的土特产算比较少的，那是由于我当时严格甄选。一决定要少选，感觉就变得敏锐起来了，选到了很好的东西。

### A 越南咖啡

以松鼠为商标的"con soc coffee"好像公司在胡志明市。回程时我在河内的机场看到，马上就买了。又可爱又美味，大受好评。

### B 风味食盐

在会安时尚的咖啡馆买到的香菜＆酸橙风味的自然海盐。酸橙盐大概是常用的调味品吧，在超市也经常可以看到。

### C 定制的印章

在河内的"Hookroi Stamp"定制的印章，可以从样本的图案选，自己带的图案也OK。价格取决于印章的大小。分6美元和8美元。

### D 饰品

在会安的夜市砍价到7美元买的珍珠项链（似乎还可以砍到更低）。可以很轻松地砍到合适的价格。

### E 刺绣荷包

越南的刺绣技艺也很优秀。设计出众美丽的"唐密设计"，买来当作送给自己、家人和亲友的特产。

### F 果酱

在河内的贸易博览会商店"BETTER DAY"看到的芒果草莓果酱。还有一些有机产品。

### G 越南产的红茶

城里最高级的酒店"河内 Metropole（河内传奇新都城索菲特酒店）"的原创茶，是玫瑰茶。选它是因为它是越南产的。

### H 玛莎拉茶（Masala Chai）（印度香料奶茶）

在"BETTER DAY"买的有机玛莎拉茶。茶叶和香料都是越南产的。红茶的种类得到了充实。

### I 米纸

给擅长烹饪的朋友们带的特产是薄薄的米纸。这种蕾丝花纹的米纸是在途中的城市发现的，河内并没有……

### J 定制的裙子

天鹅图案的裙子是在会安做的。量好尺寸，与穿的裙子同款定做。一个小时就完成了。价格是15美元。

CHAPTER 3 多种多样的旅行方式

北海道凉爽的气候非常舒适，让人想象不到正是盛夏之时。由于夜晚会急剧降温，所以羽绒服、羊绒大衣和暖宝宝我也都带在身上。舞台之间的距离，步行约40分钟，规模十分壮大。我很喜欢表演开始之前大家都在期待的那一刻。当然，演出中因为太过感动也流了好几次泪。在会场与朋友会合，一同吃东西，过得非常开心。

### HOKKAIDO 北海道

# 一个人初次参加夏日庆典！

有一年，看到夏日庆典的内容，很让我伤脑筋。因为北海道每年在盂兰盆节前后举行的"Rising Sun 摇滚夏日祭"正是我所喜欢的。

作为一年一度的乐事，朋友们从宿营用具到装束，都想了完备的对策参加庆典，可是到目前为止我却觉得难度很高。

尽管如此，我突然决定去北海道，因为我想要一个人宿营试试。所幸我有登山经验，一个人能够支帐篷，装束也完备了。比起登山来说要安全多了，所以我果断地就踏上了旅行之路。

行李只有一个大约 50 升左右的背包。这里面装了帐篷、睡袋、气垫和替换衣服等。由于可以不带烹饪用具，所以行李很少。

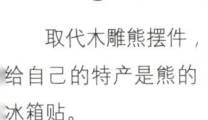

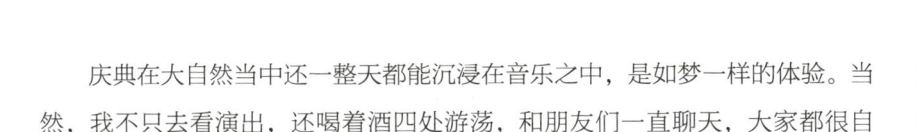

取代木雕熊摆件，给自己的特产是熊的冰箱贴。

　　庆典在大自然当中还一整天都能沉浸在音乐之中，是如梦一样的体验。当然，我不只去看演出，还喝着酒四处游荡，和朋友们一直聊天，大家都很自由。广阔的天空和湿度较低的北海道的风使得心扉完全打开，浮世的种种烟消云散了一般，似乎可以被这回忆一直支撑着活下去，度过了此生无换的宝贵时光。

　　节日庆典实际上一直被严格管理，女性就算一个人也能够毫无危险地参与。能够细细回味生存之喜悦的旅行，实在不可多得。在北海道的宝贵经历，直至今日仍在心中照亮着我。

北海道特产之二——IC 卡。Kitaca 上的小飞鼠很可爱，在其他地区也能够使用。

CHAPTER 3　多种多样的旅行方式

91

庆典穿的衣服，是横条纹T恤、长裙和连衣裙等日常穿着与功能性的户外服装结合在一起。户外用的物品体积都不太大，都可以折叠成很小。其中尤为优秀的是雨天穿的裙子，由于是缠绕型的，脱起来也很容易，非常方便。海丽汉森（HELLY HANSEN）的横条纹T恤是速干的面料。北面（THE NORTH FACE）的帽子和始祖鸟（ARCTERYX）的挎包也都是登山用的。

## Fes Fashion
庆典时尚

### 我的庆典 & 户外用品

## Snowsuit
防寒服

艾高（AIGLE）的戈尔特斯（GORE-TEX）面料的冲锋衣，是当防寒服和雨衣来穿的。节日庆典、山麓漫步和宿营，我走到哪里都穿着。在大自然中，颜色鲜艳的装束很显眼，所以外衣我都会选择带颜色的。绗缝的缠绕型裙子是优衣库的，内侧是羊绒，很暖和，可以在下装上面缠裹，也可以搭在肩上和膝盖上，主要是在宿营时使用。没有兜帽的Mont-bell的羽绒服也是每回都一定会带的。

## Camp Goods
### 宿营用品

　　宿营用品，有登山可以通用的物品，也有只有在宿营时才能用的物品。拉夫马的折叠椅和 KELTY 的苫布是宿营专用的。宿营由于行李会变多，所以我会选择比较细长、不占地方的物品。ISUKA 的冬用睡袋和 PRIMUS 的锅登山时也可以使用。我很怕冷，所以睡袋选择保温性较高的。安置在撑开苫布和帐篷的绳子末端的楔子附近的一次性化学灯也是必需品。

## Moutain Note
### 登山笔记

　　我会把登山和宿营的记录记在笔记本上。由于要带到山上去，为了防止弄脏，我套了塑料套加以保护。在所到之处盖章，记录行程时间、服装和携带物品等。做了这样的记录，就可以成为今后再去时的参考。因此，我会把来回的交通、周边的店铺和道路、车站的信息等也记录在内。

CHAPTER 3　多种多样的旅行方式

在 KONPARU（コンパル），
一定会喝香蕉汁。

料超多这一点很
叫人开心。

**SURIPU**

名古屋市中区千代田 2-16-20
☎ 052-263-3371
8:00~19:00 周一、周二休息

**早餐**

　早上起来想吃刚烤好的"SURIPU"早餐，羊角面包和司康三明治，无论哪一个都是绝品。在 KONPARU（コンパル），三明治和香蕉汁是一定会点的。

**KONPARU（コンパル）大须本店**

名古屋市中区大须 3-20-19
☎ 052-241-3883
8:00~21:00 无休

这个司康三明治也颇具诱惑力，所以吃掉啦。美味的东西我是不会谦让的。

**NAGOYA 名古屋**

# 吃到破产的美食之旅

　说到会让人吃到破产的城市，一般印象里是大阪，但对我来说，会吃到破产的城市是名古屋。名古屋的美食既受到关东和关西的影响，也有味噌这种自己独特的文化。就连没有做饭习惯的年轻女孩们也对味噌的区别耳熟能详，我很惊讶于他们的这种讲究。

　到名古屋旅行时，我和口味比较挑剔的朋友 Y 小姐一起走走吃吃。自从大约 15 年前第一次去名古屋以来，不管怎么吃，好吃的店都吃不完。

　名古屋的早餐，一般都是花一杯咖啡的价钱，附赠土司、煮鸡蛋、酸奶和

## 午餐

"一冨士"也有那种把切成长条形的烤鳗鱼撒在饭上的料理,但我总是点鳗鱼盖饭。文雅的当地老年人大多都很悠闲地用餐。中途进入的荞麦面店里,手作荞麦面和天妇罗非常美味。

期待着和东京鳗鱼口味不同而吃的。

**一冨士**

名古屋市中区荣 2-2-7
☎ 052-231-0124
11:00~22:00 年末年初休息

我很喜欢天妇罗,在荞麦面店里经常吃天妇罗锅。

沙拉等。但是我的固定搭配是,咖啡馆"KONPARU"和在新地方开的鹤舞的面包店"SURIPU"的套餐。尤其是"SURIPU"的面包,连吃起来沙沙作响的声音也很美妙,满意到每天早上都想吃。

由于我旅行中三餐都好好地吃,所以中午就会吃一些盖饭或者面等稍微简单些的饭。我被以伏见鳗鱼闻名的"一冨士"的鳗鱼香脆的皮和松软的内里所俘虏,每次都会到访。虽说也有把切成长条形的烤鳗鱼撒在饭上的料理和套盒,但是我总效仿本地的朋友,点鳗鱼盖饭。

电车旅行,为了带土特产而带着小行李箱出行。

CHAPTER 3 多种多样的旅行方式

95

明明不能喝，却基本上都从这家喝到那家。

### 晚餐

非常喜欢喝酒的朋友的选择，总是最棒的。酒不用说了，她选的店一般食物也非常好吃。店里的人和顾客的距离很近，一团和气，这一点也很不错。

充满活力的店里，也有一个人晃晃悠悠地顺路过来，潇洒地又吃又喝的人。

喜欢在名古屋电视塔的周围散步。

### TRUNK COFFEE

名古屋市东区泉 2-28-24 1F
☎ 052-325-7662
9:30~21:00（一 ~ 四）、
9:30~22:00（五）、
9:00~22:00（六）、
9:00~19:00（日、节假日）
年末年初休息

在"fika."点了大爱的柠檬水果派。

### 小憩片刻

"fika."的水果派味道很棒。虽然店很小，但总是排起长龙。可能的话想在平常的时候去。我总是很烦恼在柠檬水果派和另一种之间做选择。

### 小小的甜品店 fika.

名古屋市千种区菊坂町 2-2 1F ☎ 052-846-6657
11:00~19:00（在店内用餐到 17:00）周四、周五休息

### Stan Dining 山彦

名古屋市中区荣 3-8-102
☎ 052-262-4300
15:00~24:00 周二休息

午后我会去逛古董家具店、生活杂货店和美术馆等，也会顺便去水果派非常好吃的觉王山的"小小甜品店 fika."和高岳的"TRUNK COFFEE"。

晚上想去的店太多，每次都很纠结所以每次都串很多家。继久屋大道上拒绝采访的烤猪肉串店之后，第三家店我去的是"现在在名古屋正当红的店"Stan Dining 山彦。荣耀地站着饮酒的意大利风格，细窄的店内经常人满为患。即使一个人去也能点几小碟，恰到好处的量对女性来说很难能可贵，不知不觉就会吃多了。

名古屋的饮食店，从高级餐厅到 B 级美食家级别任君挑选。饮食购物都很开心的名古屋，实际上是非常适合小旅行的城市。

起源于日本武尊传建命的传说，祈愿幸福地培育两人的爱情。

## 热田神宫 "天鹅护身符"、"旅行护身符"

我在旅行地经常拜护身符。有时还会买来作为给亲近之人的土特产。安胎的护身符、健康护身符、婚姻护身符等让得到的人都非常开心。

名古屋市热田区神宫 1-1-1

## SURIPU "枕头面包"

如果把面包当土特产的话，我会选择容易带回的枕头面包和田园风法国面包。我超爱中间夹着巧克力的巧克力羊角面包，我马上就会在附近的公园等地方把它吃掉。

给旅伴的旅行护身符！

回来也能享受乐趣

很好吃哦！

## 可爱又美味的名古屋特产

## 觉王山 吉芋 "吉芋花火"

将切成细丝的番薯用菜籽油炸，然后涂满清淡甘甜蜜汁的干红薯条。在名古屋站的名铁百货店也能买到。名为"小粹"的芋头羊羹也请一起选购吧。

本店 名古屋市千种区日进路 5-2-4
☎ 052-763-2010
10:00~18:00 年末年初休息

## TRUNK COFFEE "滴落式咖啡"

引领名古屋咖啡文化的"TRUNK COFFEE"是在丹麦修行的制作浓缩咖啡(espresso)的专家开的店。每袋一次份儿分装的滴落式咖啡，保存期限很长，很适合当土特产。

CHAPTER 3 多种多样的旅行方式

高速公路单程一个小时的路程。在途中，可以看到正前方很美丽的富士山。

"箱根麦神"推荐自产自销的湘南小麦，当地人自不用说，还有很多远道而来的人经常到访。以前我参加过"布诺瓦顿"的面包教室，这是我深深挂念的一家店。

**箱根麦神**
神奈川县足柄下郡箱根町汤本 71-5
☎ 0460-83-9600
10:00~19:00 周二、隔周周一休息

我沉醉于当季蔬菜和水果的强大力量，胡萝卜也格外甘甜水灵。为此我特意带了大号的冷藏箱。

早晨 do re fa~mi ♪
神奈川县小田原市成田 650-1
☎ 0465-39-1500
9:30~18:00（11~2月：到 17:00）

## ODAWARA · HAKONE
### 小田原·箱根

# 当天往返的温泉之旅

　　艳阳高照的周末，有时候很想到海边去。从我家开车到小田原的渔港差不多一个多小时。自从有了车以后，我便开始常常进行当天往返的旅行。

　　在去渔港的途中，我会先顺道去 JA 神奈川西湘农作物直销店"早晨 do re fa~mi ♪"。这里从早上开始就非常热闹，以新鲜的当季蔬菜为主，神奈川柑橘类作物也很丰富，我会一边尝一边比较。一买好蔬菜和水果，我就会径直去小田原渔港的炸鱼排店。如果特意过去，比起专注于调味和烹饪方法的料理，我更想吃食材新鲜的食品。从店里出来，我还不忘到旁边的"纽之屋半兵卫"买当季的干货。

### 纽之屋半兵卫

神奈川县小田原市
早川 1-6-11
☎ 0465-42-9755
9:00~16:30
（7~9月：到 17:00）
年末年初休息

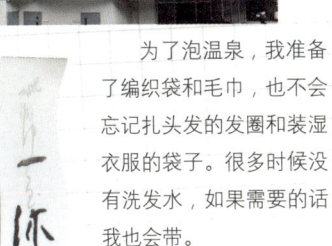

难得来一次渔港，很想买鱼回去。为了带鱼等生鲜回去，我带了冷藏箱和保持低温的材料。

在"纽之屋半兵卫"，也能买到小田原的名店"笼清"的商品。在蔬菜上包裹着鱼刺身来炸的油炸下酒菜非常美味。

为了泡温泉，我准备了编织袋和毛巾，也不会忘记扎头发的发圈和装湿衣服的袋子。很多时候没有洗发水，如果需要的话我也会带。

### 天山汤治乡 一休

神奈川县足柄下郡
箱根町汤本茶屋 208
☎ 0460-85-8819
11:00~20:00（周六日节假日 到 21:00）
* 闭馆一小时前停止售票
周四休息

### 小田原笼清本店

神奈川县小田原市本町 3-5-13
☎ 0465-22-0251
8:30~18:30 元旦休息

然后我会前往继承了伊势原名店"布诺瓦顿"遗志的"箱根麦神"。在这里我会买用石臼臼出的湘南产小麦烤的面包当成土特产。

这样转上一圈之后，我会去箱根的不可宿温泉"一休"。这里有水质优异的两个露天温泉和一个半露天温泉，开放性好又很清洁，所以我经常到访。

吃着美食，眺望大海，买土特产，泡泡温泉。周末的小旅行，为我忙碌的平日注入温润与新鲜的活力。所以稍微早起一些外出吧！

开车兜风之旅的必备品是膳魔师的软性冷藏箱（20L）和中国台湾的网状编织袋。据说编织袋以前是渔民使用的。

为自己选的和别人送的世界各地的茶排成一长列。我去哪里都会买茶,别人也经常会当特产送我,十分开心。又轻又不容易损坏,非常容易携带。

# 土特产,选什么好呢?

土特产,我会送给回国之后两周内要见到的人。还会送给以土特产为由想见的亲密的朋友们。

土特产虽然很重要,但为它奔波过度导致游览时间被削减就是本末倒置了。于是我渐渐地不会特意去买土特产,而是在自己去的地方顺便选择。

我固定会送的特产是茶、小点心、果酱和厨房用具等。比如送给爱吃的朋友当地的食材,送给有小孩的朋友有可爱图案的纸巾,她们都会非常开心。

朋友和熟人也经常会送出和收到工作性质的土特产,大家都很擅长送特产。每次我收到时都会非常钦佩。

## 德国特产

住在德国的朋友返乡时送我的特产。香气浓郁的茶和粉状的汤料。在超市卖的食材也令我相当开心。

## 让人开心的特产

从国内外到处旅行的朋友们那里收到的土特产。每一个都格外出色。

## 韩国特产

韩国特产一般都是面膜、化妆水、浴液等美容产品。调味品也是经常收到的特产。

## 印度特产 & 法国特产

料理家朋友给我的印度特产。篮子也是同一位朋友给我的巴斯克特产。她非常擅长挑选在家能够充分利用的物品。

## 英国特产

妹妹给我的英国特产是"自由"的本子、信纸套装、佛特纳姆和梅森的曲奇和茶。女孩子的色调。

## 日本东北特产

小偶人的手帕,小偶人的信纸。包装的颜色也很合,十分感激。

我也想变得擅长挑选杂货。

CHAPTER 3 多种多样的旅行方式

# 把要去好多次的城市放在一个文件夹里

旅行的信息我会按城市分类装在口袋式文件夹里（P23），但是其中特别是往返去过很多次的城市，资料会逐渐增加到文件夹里放不下的程度。对于这样庞大的量如果只是抱持着漠然的态度，那么寻找信息的时候会很难找到，所以量增加到某种程度我就会分类别重新进行文件夹的分装。

地图和杂志的报道等，我会分特集放进透明文件夹（见下图）的口袋里面，每个特集放一个口袋。口袋固定的文件夹并没有限制，所以放入方式并不会半途而废地受局限，按照信息入手的顺序放进去就好了。如果想要更换前后顺序，活页式的会比较方便。

另外，还有一本文件夹（参看右页）是按地域来分信息。像制作一本导览书一样，在活页本上贴上杂志报道的剪报，写上美食的感想、在那里想买的东西等。商店的卡片也整理好，当然也是按区域分类。使用放名片用的名片夹装好，特别中意的店会做出标记。

这样做好文件夹，信息一点一点积累起来，对那个城市的爱也汇集起来。据说见不到的时候会孕育爱，正是这种感觉。下次要去什么地方呢，只是看一下文件夹，新的旅行计划就轻飘飘地浮现出来了。

**选择能够长期使用的文件夹**

地图和杂志报道，收纳在右边的文件夹里。左边是瑞典的易达（ESSELTE）文件夹，结实的封面很可靠。由于是需要长期使用的，多少要多投资些。

## 分区域信息文件夹的整理方法

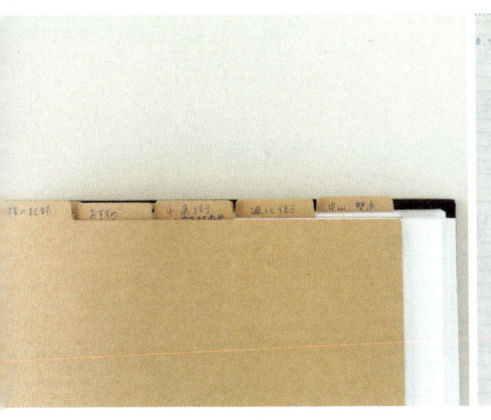

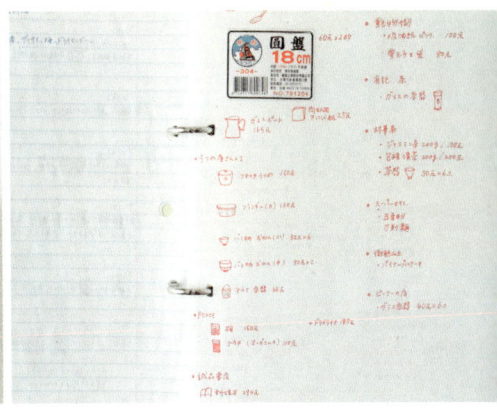

**列出索引进行分类**

列出索引,信息搜索起来就容易了。尤其是信息量和分类项目很多的时候很有效。这样的文件夹小物使用的是无印良品。文件夹也选择了合乎其规格的尺寸。

**加入插画的列表**

代替收支记账本,要买的东西用加入插画的形式来记录列表,之后再看也很容易理解。而且,每天使用的额度写好后,下一次再旅行的时候就会成为参考。

**店铺卡装入名片册**

店铺卡用名片夹来管理。这也是无印良品的。中意的话会做出标记,是第几次的旅行去的呢等等,为了下次再去补充写入信息。

**其他的粗略装起来**

装入免费纸巾和目录等大小不同纸张的地方也很重要。"集中放在这一本里"是最重要的目的,所以我还做了可以装入其他东西的口袋。

103

# 将旅行的回忆汇集成册

　　在旅行中，时常会有不知不觉就想按下快门的瞬间。因此，旅行结束后，就会增加几百张照片。如果就这样放着，不知什么时候就忘掉了，还有过照片的电子数据不知道哪里去了的情况，所以我会趁着热情还未冷却时，将旅行的回忆整理成书和写真集等。

　　用相册来整理分类固然好，但是考虑到特意去打印、准备相册本身要花的工夫和成本，用家里的笔记本电脑在线下单预定的服务绝对更轻松。式样和价格多种多样，能够根据用途和预算来做选择，非常难得。我一般会选"photoback"和"instant book"等，会使用设计又好印刷又漂亮的服务，即使没有品位和技巧，也能做出时尚的书。

　　有时间的人还可以自由加入文章、插画、地图等，做成精致讲究的一本书。如果要加入文章，有布局版式的"photoback"编辑起来很容易。而如果不想花太多时间，总之就是想留下个形式，不加入文章只做成写真集，也比较容易汇总，不用太纠结。而如果想把 Instagram 上面的照片做成书，"instant book"就很好。以前，我在机场的等候时间里也从手机下过单，流程非常简单，很好用。

　　将旅行回忆整理汇总，有着无尽的乐趣。分别熟练地使用各个公司的服务，将旅行的闪光点汇集成册吧。

**500 日元就能做本书**

　　"TOLOT"可以用手机的 APP 开始编辑，能够以 500 日元这令人惊异的价格轻松地做成一本照片书。而且，还是免费送达！

500 日元（含税）/ 64P/ 制作期约 5 天到两周 http://tolot.com/

## INSTANTBOOK

　　选择一张照片，就可以从它顺次自动选择 60 张照片。检索不到的情况，就使用 #（主题标签）。之后就只是选择封面照片而已。由于低于 1000 日元，能够定期打印呢。剪切下来也可以做便笺纸和笔记用。

　　972 日元（含税）/122P/ 制作期约 1~2 周
http://www.instantbook.jp

## PHOTOBACK

　　我主要在文库本尺寸的 "BUNKO" 上汇总旅行记录。同样大小放在一起也容易管理。不放文章的写真集，正方形的 "ROUGH" 和长方形的 "POCKET" 会进一步提高照片的品质哦。

　　"BUNKO" 2581 日元（不含税）~ /36~96P/ 制作期约一周

　　http://www.photoback.jp

## 在旅行地发现的可爱之物

在旅行地购买的东西，有家庭生活用具、食材等，大多都是会在家使用的物品。实际上，插花等装饰用的东西我很少买。从各处买来的东西变成了大杂烩，但总是很和谐，所以我不在意是否和其他东西相匹配，而是依据是否喜欢这个物品本身来选择。

在旅行地做判断很难，但是当成发现自己"喜欢之物"的练习就会很开心。成功的诀窍就是，不以便宜为理由购买，要选择每天都想使用的东西。我会选择比平日更加坚实可靠的物品。

每次使用在旅行地发现的物品时，就会想起那次旅行。在我家有很多陪伴了我很久的物品。

## A 完全就是纪念品我也喜欢

新加坡的鱼尾狮。完完全全就是纪念品，但是如果很中意的话也OK。冰箱贴贴在冰箱上，小叉子在吃点心和水果的时候使用。

## C 初次国外旅行的纪念品

第一次与妈妈去欧洲旅行时，在意大利买的手镯。现在当然还在非常珍惜地使用着。

## E 好不容易邂逅的小茶壶

驱车在出云大社—鸟取—天桥立—长滨旅行的时候，在冈山的"object"邂逅的小茶壶。非常开心驾车旅行能够毫不犹豫地购买易碎品。

## G 中国台湾的双层篮子

中国台湾的篮子。有两层，我把中国茶相关的用具汇总放了进去。虽然没有日本的东西那么细腻，但是非常迷人。

## B 中町泉先生的器具

现在在富山制作陶器的中町泉先生做的盘子。以前在石川的工坊入手的。与北陆的陶艺家小组见面是金泽之旅的亮点。

## D 寻求陶艺家的作品

拜访屋久岛的朋友时，去在岛上制作陶器的山下正行的工坊所选的陶器。骆驼花瓶和兔子香炉交替在玄关做装饰。

## F 旧杂货店是个好地方

在新潟的旧杂货店里淘出来的新潟与佐渡的漆碗。左边的喝红豆年糕汤时用，右边的在节日时使用。新潟优秀的手工艺品很多，我想要寻找到更多。

## H 我一生的用品

在法国购买的玻璃杯和兔子针插。摩洛哥风格的杯子是新婚旅行时买的。兔子针插实际上是英国制造的针插，是和妈妈巡游梅尔三（巴黎的手工艺品店）（注：见18页）之旅时买的。

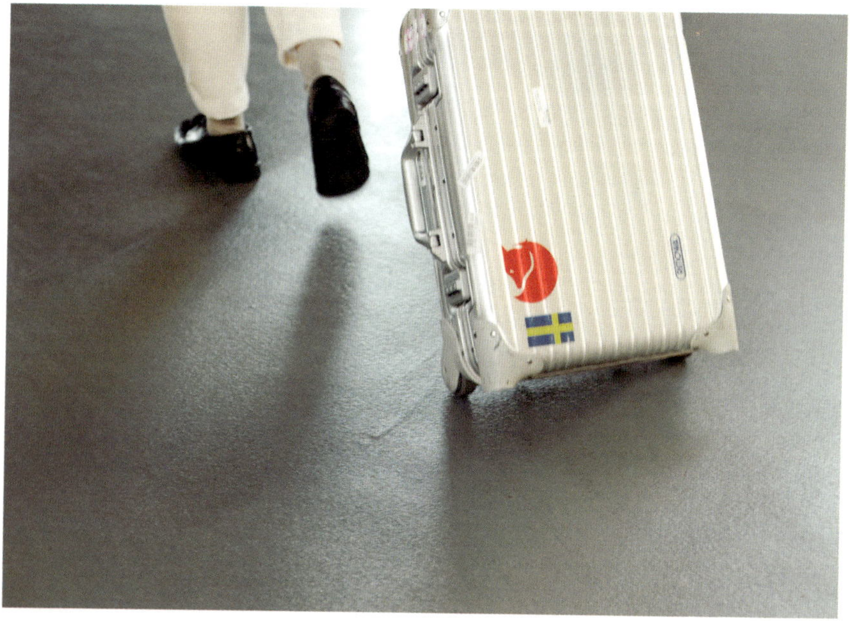

# 还要再次去旅行

非常感谢你们把这本书拿在手里面。

七年前由别的出版社出版了我写的《生活的创意帖——旅行篇》这本以旅行准备为主题的书,很多人读了,并对我表达了"我总是手拿着这本书做旅行准备!"等很多感想。

在那之后,我又不断旅行,旅行准备扩展到目的地、交通方式、旅行风格等,终于变得成熟,在我正准备和大家分享的时候,就得到了出这本书的机会。

去年,包括工作在内,我一共出国旅行五次,加在一起有两个月以上不在日本。越旅行越觉得有趣,对于平淡的日常生活和所归之处的感谢之情也越来越强烈。也许是为了热爱普通却无可替代的每一天的生活才一直在旅行也说不定。不由得就会这样想。

享受旅行和人生吧。
请来一场很棒的旅行!

Have a nice trip!

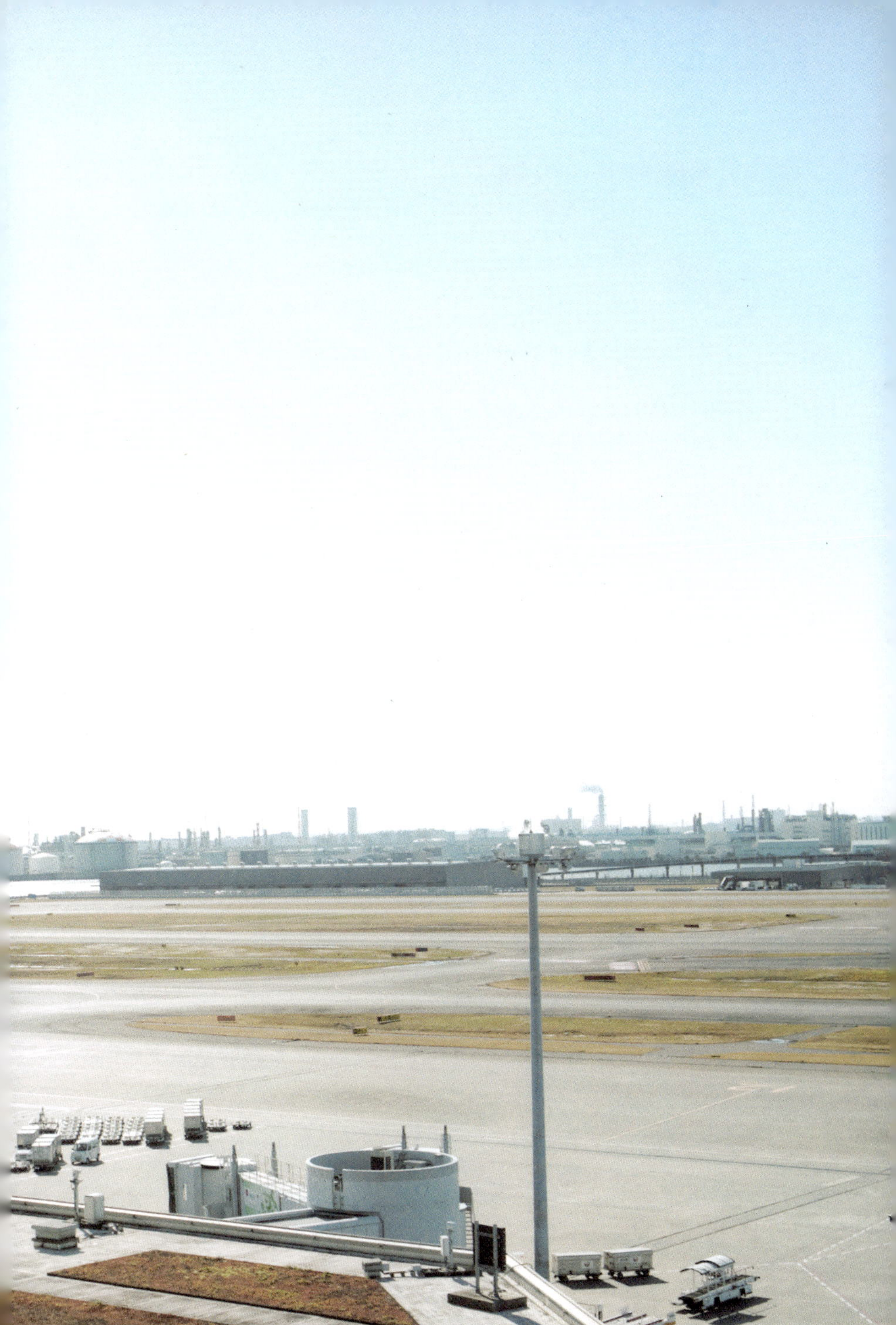

图书在版编目（CIP）数据

旅行达人的行前准备 /（日）柳泽小实著；陈志姣译. -- 北京：华夏出版社，2019.4（2019.8重印）
ISBN 978-7-5080-9628-5

Ⅰ.①旅… Ⅱ.①柳…②陈… Ⅲ.①旅游指南-世界 Ⅳ.① K919

中国版本图书馆 CIP 数据核字 (2018) 第 282672 号

OTONA NO TABIJITAKU by Konomi Yanagisawa
Copyright © Konomi Yanagisawa, 2016
Copyright © Mynavi Publishing Corporation, 2016
All rights reserved.
Original Japanese edition published by Mynavi Publishing Corporation

Simplified Chinese translation copyright © 2019 by HUAXIA PUBLISHING HOUSE
This Simplified Chinese edition published by arrangement with Mynavi Publishing Corporation, Tokyo, through HonnoKizuna, Inc., Tokyo, and Bardon Chinese Media Agency

日本版デザイン / 葉田いづみ
写真 / 西希、柳沢小実
イラスト / 山崎美帆
編集 / 脇洋子

版权所有　翻印必究
北京市版权局著作权合同登记号：图字 01-2017-4365 号

**旅行达人的行前准备**

| 作　　者 | ［日］柳泽小实 | 版　　次 | 2019 年 4 月北京第 1 版 |
|---|---|---|---|
| 译　　者 | 陈志姣 | | 2019 年 8 月北京第 2 次印刷 |
| 责任编辑 | 李春燕 | 开　　本 | 880×1230　1/32 |
| 美术设计 | 殷丽云 | 印　　张 | 3.75 |
| 责任印制 | 周　然 | 字　　数 | 90 千字 |
| 出版发行 | 华夏出版社 | 定　　价 | 42.00 元 |
| 经　　销 | 新华书店 | | |
| 印　　刷 | 三河市万龙印装有限公司 | | |
| 装　　订 | 三河市万龙印装有限公司 | | |

华夏出版社　网址：www.hxph.com.cn　地址：北京市东直门外香河园北里 4 号　邮编：100028
若发现本版图书有印装质量问题，请与我社营销中心联系调换。电话：(010) 64663331（转）